鳳凰数術占い師
暮れの酉

選ぶたびに運が良くなる！

2択開運

JN101037

ワニブックス

はじめまして！ 「開運王子」こと
占い師の暮れの酉と申します。

四柱推命や西洋占星術など古今東西の占術を学び、
「鳳凰数術」という新時代の名前占いを編み出して
みなさまの人生をサポートしています。

共に活動する仲間たちを紹介します。
クールでスマートな「キツネ」
真面目な働き者の「ラクダ」
ひらめきが光る「イルカ」
柔軟な自由人の「ツバメ」
芯の強いリーダーの「鳳凰」
理想が高く礼儀正しい「龍」
愛されキャラの「パンダ」
仲間思いのがんばり屋「ペンギン」
正義感の強い情熱家「孔雀」

彼らと一緒に、あなたの運を開き、
幸せな人生をつかむお手伝いをさせてください！

朝起きたとき、
一番初めに何を飲みますか？

「必ず水を１杯飲む」というように、
自分の行動を
ルーティンにしている人もいます。
ルーティンにすることで
「選ぶ」というストレスから
解放されるのだそうです。

でも中には、

今日はお茶にしようかな？
コーヒーにしようかな？
牛乳にしようかな？
カフェオレにするのもいいな。
それとも、最近胃の調子が悪いから、
白湯にしようかな……

と、あれこれ迷ってしまう人もいます。

選ばないといけないのは、
朝の飲みものだけではありません。

どの服を着ればいいのか。
ランチは何を食べようか。
プレゼントをもらったら、お礼はどうしようか。
家に帰ってきたら、バッグはどこに置くといいのか。
寝室のリネンは何色にしようか。

そもそも、ベッドの位置はここでいいのか。

考えれば考えるほど、
今、自分が行っている選択が正しいのか
わからなくなってしまうことも
あるのではないでしょうか。

迷うことそれ自体を楽しんでいる場合は
問題ありませんが、
迷うことがストレスになっている人や
悩んで時間ばかりが過ぎてしまう人は、
こう思うこともあるはず。

──いっそのこと、
誰かが決めてくれたらいいのに。

人生は選択の連続です。

「やるべきか、やめるべきか」
「選ぶなら、どちらにするべきか」

僕たちは常に、考えながら生きています。

僕もかつては、
ついいろんなことを想像してしまい、
何かを選び取るのが苦手なタイプでした。

でも、知識を重ね、
占い師としてたくさんの方と関わっていく中で
気づいたことがあります。

運のいい人は、どちらが正解かわからないときだけ
占いで決めているということです。

考えるべきところは考えて答えを出しますが、
考えても答えが出ないことには
迷う時間を割かずに、占いで決めてしまう。

そして、決めたことを行動に移している 人たちが成功しているのだと。

それを見習って
「どちらでもいいなら、 運がいいほうにする」
と決めてから
身の回りに、ラッキーなことばかりが
起こるようになってきたんです。

正確には、悩むことに時間をかけなくなって
心にゆとりができたので
幸運を見逃さなくなったのです。

そして、
そんな僕のことをいつしか誰かが

「開運王子」

と呼んでくださるようになりました。

先の見えない不安な世の中。
何かを選択することに対する心のハードルが
どんどん上がっているように感じます。

選ぶことそれ自体もストレスですが、
選んだことで、何か嫌なことが起こるかもしれない……
と、先々のトラブルに怯えて過ごすのもストレスです。

でも、「運がいいほう」を
自然と選び取ることができるようになったら
そんなストレスからも解放されるはず。

悩む時間が減り、
その分、行動するための時間が増えていきます。
「運」という字は「運ぶ」と読むように
行動すればするほど
運気はよくなるのです。

「運がいい」行動を１つすれば、
ちょっとだけ幸せが訪れ、
また「運がいい」行動を重ねたら、
さらに幸せが積み重なって、
いつしか、僕と同じように、みなさんの周りでも
いいことがたくさん見つかるようになってきます。

これから開運王子と一緒に、
「運がよくなる選び方」を
学んでいきましょう。

意識しなくても
次から次へと幸せが訪れる
「幸せ体質」になれますようにと、
願いを込めて。

開運王子　暮れの酉

もくじ
CONTENTS

はじめまして!
「開運王子」こと
占い師の暮れの酉と申します。　…2

PART

1

お 金

開運する
財布はどっち？

A ラッキーカラーのレザー

B 黄色のエナメル

Answer is ... A

お財布を新調するなら、ざらっとしたシボ入りのレザー製がおすすめ。さらに金運を上げたいなら、自分のラッキーカラー（P.16 参照）を選ぶとよいでしょう。金運には黄色がいいとよく聞きますが、色よりも質感優先で選ぶべし。エナメルやビニール素材など、つるっとしたものはできれば避けて。お金がすべって出ていってしまいます。

財布がポイントカードだらけ
得するからいいよね？

B ポイント率の高いカードなら◎

A 思い切って持たない選択を

Answer is ... A

ポイントに縛られているという煩わしさから解放されることが運気アップにつながりますので、ポイントカードはなるべく持たないほうがよいでしょう。ポイントのために余計なものまで買ってしまうなど、散財の危険性もあります。財布の中はいつもきれいにしておくのが鉄則。レシートなども、ためないように気をつけてくださいね。

あなたのラッキーカラーは何色?

あなたは、自分のラッキーカラーをご存知ですか? 洋服や小物などを選ぶときに、自分の好きな色だけでなく、ラッキーカラーという選択肢を手に入れると、いっそう運勢は加速します。ここでは、僕が編み出した名前占い、鳳凰数術を使って開運する色を導き出します。さっそく調べていきましょう!

名前の「画数」を導き出そう

鳳凰数術(あたらしいタイプの名前占い)では、名前の画数を9種類に分類します。計算方法は次の通りです。

例1) 歌丸　大地さん

$14 + 3 + 3 + 6 = 26$ 画。

名前の総画数の、十の位と一の位とを足し算し「一桁の数字」を求めます。ここでは26画なので2+6をして8が出ますね。この名前のタイプは「8」の属性だとわかるわけです。

例2) 藤本　美貴さん

$18 + 5 + 9 + 12 = 44$ 画。$4 + 4 = 8$。

この名前も「8」の属性。

例3) 聖徳太子さん

$13 + 14 + 4 + 3 = 34$ 画。$3 + 4 = 7$。

この名前は「7」の属性。

〈**29画や39画など、十の位と一の位を足しても「一桁の数字にならない」場合**〉

29画は2+9＝11。この場合は、さらに1+1をします。答えは2。29画は「2」の属性の名前とわかります。

39画は3+9＝12。1+2＝3。
39画は「3」に該当する名前です。

画数別ラッキーカラー解説

あなたの画数に該当する色は何色でしょう？　ラッキーカラーがわかったら、洋服や
スマホケース、手帳、カバンなど、自分の目に触れるものに取り入れてみましょう。

画数 1	画数 2	画数 3
黒や紺	ベージュや黄色	ブルー

画数 4	画数 5	画数 6
グリーン	ブラウン	白やゴールド

画数 7	画数 8	画数 9
白やシルバー	チョコレートブラウン	赤や紫

今のお財布はお気に入り。
だいぶ長く使ってるけど?

Ⓑ
ボロボロならば
替えたほうが運は上向く

Ⓐ
気に入っているなら使ってOK

Answer is ... Ⓑ

「毎年買い替えたほうがいい」という説もありますが、財布は気軽に
ポイポイと捨ててよいものではありません。とはいえ、擦り切れたり、
ほつれたりしているなら替えどき。処分はゴミ箱でいいけれど、今まで
がんばってくれた財布に「ありがとう」と感謝の気持ちを込めて、金
運アップの方角である西を向きながらお別れするとよいでしょう。

お財布を新調するなら
一粒万倍日＋天赦日、一択？

B
「母倉日（ぼそうじつ）」がベスト

A
やっぱり
「一粒万倍日＋天赦日」！

Answer is ... B

お財布を新調するのは、一粒万倍日や天赦日がいいと言われますが、一粒万倍日は「大きく増やす日」、天赦日は「天が罪を赦す日」で、実はお金にはあまり関係がありません。おすすめは「天が人を慈しむ日」といわれる母倉日。天があなたを慈しみ、お金を増やす手助けをしてくれます。月に4回ほどあるので、チャンスも多いんですよ。

キャッシュレス時代。
パスケースにお札を入れていい?

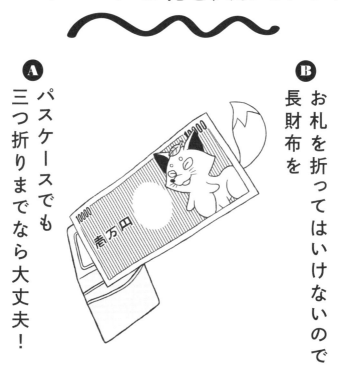

A パスケースでも三つ折りまでなら大丈夫!

B お札を折ってはいけないので長財布を

Answer is ... **A**

最近は現金をあまり持ち歩かないので、長財布は必要ないという人も多いはず。お札を折ってはいけないと言われるのは、要するに「お金は丁寧に扱いましょう」ということ。パスケースに入れても大丈夫ですが、折るときは三つ折りまでに。数字の3には、「天から受けた恵みをきちんと使います」という意味が込められています。

財布をどう置けば
金運が上がる？

B 西の方角に置く

A 財布に布団をかけて寝かせてあげる

Answer is ... B

カバンの中身は、毎日出さなくても大丈夫。財布に布団をかけるなんて行為は、ちょっとやりすぎかもしれません。財布はカバンの中に入れっぱなしでいいので、なるべく西の方角に置くと金運がアップします。もっと運を上げたい人は、新月の日にカバンの中身を全部出して整理整頓すると、よい運気を呼び込むことができます。

ラッキーな方角ってある？

占いにおいて方角は、基本的に「八方位」に分かれます。東西南北をさらに45度で分割して、風水や吉方位占いに活用するのです。それぞれの方位の意味は、基本的には以下のように太陽がその方角にいる時間帯のイメージから連想します。

北
真夜中

北西
日没後の
夕暮れ

北東
夜明け前

西
陽が沈む

東
太陽が昇る

南西
陽がかげってくる

南
太陽が南中

南東
空の色が均一に

願いに合わせて方角をチョイスしよう

方角にはそれぞれ異なるエネルギーが宿っており、あなたの願いを実現する手助けをしてくれます。天に願いが届きますようにと想いを込めて、方角を選びましょう。

東　健康運

始まりや目覚め、活発になることの象徴。新しいことをスタートするときに旅すると吉。逆に太陽が出ていくとも読めるので、金運など「入ってきてと願うこと」には不向きです。

南東　交際運・結婚運

太陽が南東に昇ると、空がオレンジ色から空色に変わります。これは、混乱していたものが整うことの象徴。結婚運や契約運がアップし、周囲との付き合いがうまくいきそう。

南　出世運

試験などで希望の結果を出す可能性が高まります。しかし、よくも悪くも人々の注目を集めやすいので、隠しごとの暴露などが起こるかも。また、腐れ縁を断ち切る効果もアリ。

南西　友人運・家族運

朝昇った太陽が再び戻ってくることから、ピークを過ぎてひと息つくようなイメージ。周りとの協調性が高まります。家族の絆が強くなる傾向があるので、家族旅行にもいい方角。

西　収入運・恋愛運

太陽が地平線に沈むことを性的な交わりと捉えることができることから、異性との出会いが活発になり、恋愛運がアップ。また、お金に関するうれしい知らせも入ってきそう。

北西　金運・資産運

西よりも深いところに太陽が入ることから、北西に旅をしたり、北西側が広い土地を購入すると大きな金運が入ります。西も金運アップですが、お小遣いが増えるイメージです。

北　勉強運・情愛運

かつては星を読んで未来を読み取ろうとしたことから、北は知恵の方角として勉強運がアップする可能性があります。また、性的な魅力が増し、愛が深まる予感も。

北東　復活運・子宝運

一度終わったものが蘇り、再生の機会がやってくる場所。別れた人とやり直したいときにも吉です。また、子宝を願うときにもこの方角へ旅するとよいとされています。

思わぬ臨時収入が入った！どうしたらいい？

B
入るはずがなかったお金。パーッと使おう

A
何かあったときのために貯金しておく

Answer is ... B

もともと入るはずのなかったお金。パーッと使うことで運が動き、さらによい運気を呼び込んでくれます。使い道は何でもかまいません。これを機に欲しかったものを買ってOK。何かに使うことで、それを必要としている人に流れていくはずです。貯めるのも悪くない選択ですが、運気の停滞につながるので、よいことも起こりません。

スーパーの買いもので 簡単にできる金運アップ術は?

A 旬のフルーツを買う

B お酒を買う

Answer is ... A

人の運気に波があるように、食べものにもよい時期と悪い時期があります。旬の食べものは栄養価が高いだけでなく、運気面から見ても最高潮。特に旬の時期にすずなりに実る果物は、金運の象徴です。食べることでよい運気を取り込むことができるので、積極的に選んで。お酒にはお清めの意味がありますが、運気アップにはつながりません。

ローンを組むときに 避けるべき日は？

A 仏滅

B 一粒万倍日

Answer is ... B

一粒万倍日は、一見、大きな決断にぴったりな吉日のように感じます。でも、一粒万倍日には「少しのものを大きく増やす」という意味が……。こんな日にローンを組んでしまうと、減るどころか増える可能性大。おすすめは、満月を過ぎたあとの次の新月までに組むこと。月がどんどん欠けていくように、ローンも減りやすくなります。

金運がアップする電子マネーの
チャージ金額はいくら？

A
6000円

B
5000円

Answer is ... A

電子マネーをチャージするときは、ついキリがいい5000円を選んでしまいがち。でも、5という数字には金運を上げる意味はありません。どちらかというと我を通したいときに選ぶのがおすすめです。金運は数字の6もしくは7が運んでくれます。特に6は安定性と創造性を兼ね備えたラッキーナンバーで、金運を後押ししてくれます。

お金をまとめておろすのに よい日は？

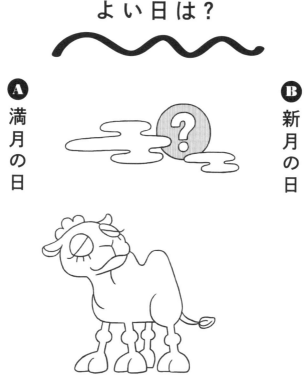

A 満月の日

B 新月の日

満月は富を象徴しているように見えますが、満月のあとは月がどんどん欠けていきます。これは、お金が減ってしまうという暗示。また、満月の日は気が大きくなり、余計なものまで買いたくなる危険性も。逆に新月は、これから月が大きくなっていく＝お金が増える暗示。お金を増やしたいなら、大きな決断は新月に行うのが正解です。

公園で見つけたら
金運が上がるのは？

A 四つ葉のクローバー

B 松ぼっくり

Answer is ... **B**

四つ葉のクローバーを見つけるともちろんラッキーですが、短い期間の幸運を表すもので、金運のシンボルではありません。一方、松ぼっくりやどんぐりなどの木の実は、植物の子孫を増やし、発展させてくれるもの。当然、エネルギーがたっぷりと詰まっています。リースやオーナメントにして大切に飾っておくと、金運をアップしてくれます。

1 幸運は「ご自愛」から

みなさんは、ちゃんと「ご自愛」できていますか。

そもそもご自愛って？　という疑問が頭の中に浮かんでいるかもしれません。そんな方のために、問題を2つご用意します。どちらが「ご自愛」か、考えてみてください。

問題1　会社にて。今日は疲れたし、そろそろ家に帰ろうと思ったときに、同僚から「どうしても帰らないといけないから、この仕事、お願いしていい？」と頼まれました。

A・特に用事がなくて断りづらいから引き受ける。

B・「今日は家に早く帰りたいから、ごめんね」と断る。

問題2　とても疲れることがあった日。ようやく帰宅して、ホッとひと息ついたら、起きているのがつらくなってきた。台所には汚れた食器が山積み。眠

　　　　るか、もうひとがんばりするか迷うとき。

　A・自分に活を入れてちゃんと片付けてから寝る。

　B・洗いものは明日の私に任せて眠る。

　答えはどちらも「B」です。他者にどう思われるかよりも、やるべきことよりも、自分がどうしたいのかを優先すること。

「ご自愛」とは「自分の心身が発するサインを素直に受け止められるかどうか」なのです。

　残念なことに僕たちは、「我慢する」のが美徳であるかのように刷り込まれることが多いです。親や先生など、周りの期待に応えようとがんばった人ほど、大人になって「何をしたいかわからない」という漠然とした不安から、占いにお越しになります。

　　まずは自分を甘やかすことか
ら始めましょう。

　　洗いものは明日でもいいんで
す。怠惰に過ごしすぎると幸せから遠ざかってしまいます
が、ちょっとだけ「がんばっている私」を脱ぐ時間を持って
みませんか。

　そして自分を労ってあげましょう。

　体によいもの（かつ、心にもうれしいもの。いくら体によ
くてもおいしくないものを無理して食べるのはどうかと思い
ます）をきちんと食べる時間を持ちましょう。たとえば、子
どもを迎えに行く前に好きなコーヒーを買って、公園のベン

チでひと息つく。5分だけでもいいので、仕事でも母でもない時間を楽しむ。これだけでも、慌ただしさに流されて、ないがしろにしていた自分自身を取り戻せたりします。

　スーパーで旬の食材を買って食べるのもよいでしょう。旬のものをいただくのは贅沢な喜びです。料理を休んで冷凍食品で済ませるのも、ちょっと奮発したおひとりさまランチもいいですね。

　家に帰ったら、湯船に入って体を温めましょう。おすすめは「今日も1日がんばってくれてありがとう」の気持ちを込めて、湯船の中で足の裏をマッサージすること。心身の疲れが溶けていきます。
　自分をお姫様や王子様のように大切にしてあげましょう。
　ささやかなことでいいんです。むしろささやかなことのほ

うがいいかもしれません。慌ただしさに流されそうな自分に気づかせてくれるだけで十分ですから。

　そして、ご自愛は減点方式ではなく加点方式で。真面目さんほど「やらなければいけないのに、できなかった」と反省しがちですが、ご自愛は「やらなくてはいけない」ことではありません。やったらやった分だけ運が向いてくる、そういうものです。

PART

2

インテリア

［玄関］

幸運を呼び込む玄関ってどっち？

A 電気を常に灯しておく

B よい香りで満たしておく

Answer is ... B

玄関は人間でいうと顔の部分。自分がどのように見られたいのか、という部分にも関わってきます。だから、玄関が汚いと、イメージの低下につながってしまうんです。香りで満たしておけば、玄関から入った運気がそのよい香りと共に家の中に入って、さらに運気がアップします。花を飾ってもいいですし、ポプリや香水などを置いても OK です。

玄関の靴は
靴箱に片付けないとダメ?

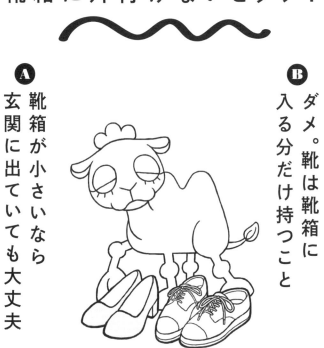

B
ダメ。靴は靴箱に入る分だけ持つこと

A
靴箱が小さいなら玄関に出ていても大丈夫

Answer is ... **B**

玄関にものを詰め込みすぎるのはよくありません。靴箱に入りきらないのは、身の丈に合っていないという証拠です。玄関に出していいのは、家族の人数分だけ。それも今履いている靴だけに限定したほうがよいでしょう。玄関にたくさんの靴が出ていると、どれを履くべきかと迷いが生じてしまいますが、それは心の乱れにもつながります。

1人暮らしなら
玄関マットはいらない?

B 敷かなくてよい

A アースカラーの
コットン素材を選ぶ

Answer is ... A

玄関マットには邪気を吸い取ってくれる効果があるので、ぜひ敷いて
おきたいところ。特に五行の「土」を表す黄色を選ぶと、安定した
毎日を送れるようになります。色は土に関連するアースカラーでもOK。
邪気を吸い取る力の強いコットン素材がおすすめ。ポリエステル製も
悪くはないですが、コットンに比べると効果は低くなります。

玄関に鏡を置いても大丈夫?

A 大丈夫。玄関の入り口に向けて置くとよい

B 玄関の入り口に向けなければ大丈夫

Answer is ... B

鏡は金のエネルギーを持ち、刀などと同様に攻撃的な要素があります。玄関に置くと、よい気も悪い気も跳ね返し、家の気が循環せずに滞ってしまう可能性があります。特に扉を開けた瞬間に自分が映る位置に置くのは避けましょう。出かける前に自分の姿をチェックしたい場合は、布をかけたり、L字型に配置するのがおすすめです。

忘れやすい財布や鍵を 玄関に置いていい？

A 置かないほうがいい

B 置いたほうがいい

Answer is ... A

玄関は気の通り道。よい気も悪い気もここに集まってきます。ごちゃごちゃ物を置くと、気の流れが悪くなり、邪気がたまりやすくなってしまうのです。財布や鍵など大切なものは、寝室に置きましょう。すぐ持ち出せる場所を定位置にして置くと、もしものときも安心です。置く場所はできるだけ部屋の西側にすると、金運がよくなりますよ。

東洋の占いの基盤
「陰陽五行」とは

　陰陽五行とは、古代中国で生まれた考え方の一種です。

　世界は正反対の「陰陽」という2つの状態と、「五行」という5つの属性から成り立っていると見る分類法です。

　五行に含まれるのは「木（もく）」「火（か）」「土（ど）」「金（きん・ごん）」「水（すい）」の5つ。各イメージは右ページの通りです。あらゆる事象を、これら5つの状態に分類するのです。

　人間も、植物も、土地も、すべてのものはこの陰陽五行のどれかに分類されると考えます。それによって「コレとアレは合う」「コレとアレは性質が合わない」など、この世で起こる現象を説明・理解しようとしたようですね。

　現代ではもっぱら、東洋医学や占いで利用されます。占いでは、運命という目に見えないものを読み解くために、この陰陽五行を用います。方角や時間（生年月日など）、食べもの、土地など、あらゆるものを陰陽五行に割り当て「あなたにとって今年は幸運ですよ」とか「そっちの方角はあなたにはよいですよ」とか「この人は相性最高ですよ」などと利用します。

陰陽 世界は正反対の2つの性質から成り立っているという考え方。地球上のあらゆるものは、陰陽、両者の相互作用によって創り出されると考えます。

陽	陰
男	女
昼	夜
動	静
暑い	寒い
硬い	柔らかい

五行 世界は5つの要素から成り立っているという考え方。「木」「火」「土」「金」「水」の5つが、お互い助け合ったり、抑制したりすることによってバランスを保っていると考えます。

 昇る、広がるという意味を持ち、東の方位を表す。

 熱さ、明るさを表し、南の方位を指す。

 固さ、持続するという意味を持つ。方位は東西南北ではなく「中央」を表す。

 下がる、沈むという意味。西の方位を表す。

 冷たさ、暗さを表し、北の方位を指す。

［寝室］

安眠できるパジャマや
ベッドリネンの色は?

B 気分が上がるピンク

A 気持ちが落ち着く水色

Answer is ... A

水色はその名の通り、水のエネルギー。休息にぴったりの色です。特にコットン素材には、邪気を吸い取ってくれる効果が。ただし、シルクはNG。シルクは殺生の布とされ、邪気を吸い取る力はありません。キャラクターの絵が描かれているパジャマもできれば避けて。絵は火のエネルギーを持っており、安らぎの水とケンカしてしまうんです。

寝室にはどっちの柄のファブリック?

A ボタニカル柄

B ゼブラやヒョウなどのアニマル柄

Answer is ... A

寝室には、リラックス効果のあるボタニカル柄がおすすめ。野生動物をイメージさせるアニマル柄は、無意識のレベルで警戒心を引き起こしてしまうので避けましょう。また、動物のポスターや写真を置くのも控えて。どうしてもアニマル柄が好きな場合はリビングへ。ただし、残念ながらアニマル柄には、開運効果があまり期待できません。

カーテンは
どっちを選ぶ?

A
夜の光を遮る遮光カーテン

**B
朝の光で起きられる遮光ではないカーテン**

Answer is ... A

光を遮断し、水のエネルギーを保つことができる遮光カーテンが最適です。カーテンの色は、部屋の雰囲気に合わせて選ぶとよいでしょう。光を通しにくい黒いカーテンでも問題ありません。柄ものが好きな人には、主張しすぎない、控えめなリーフ柄や花柄などがおすすめ。特に寝室は、できるだけ落ち着いたデザインのものを選んでくださいね。

お気に入りのぬいぐるみと 一緒に寝る？ 寝ない？

B 一緒に寝ると悪夢を見るのでダメ

A 癒しを与えてくれるのでOK

寝室は安らぎと癒しの場所。安定と静寂が重要です。ぬいぐるみはかわいいけれど、目があるものは活気や生命力の象徴。その視線やエネルギーが向けられることで、安定感を妨げる可能性が。不安や緊張を引き起こし、ぐっすり眠れないかもしれません。大切にしているぬいぐるみは、日当たりのよいリビングに置いてあげましょう。

寝室に推しのポスターを貼ってもいい?

A 気分が上がるのでOK

B 寝室には貼らない

Answer is ... **B**

写真は火のエネルギーを持つものなので、水のエネルギーで満たしたい寝室に貼るのは避けたほうがよいでしょう。中でも、大好きな推しのポスターは火のエネルギーの中でも特にパワーが強いものなので、貼るなら別の部屋へ。ただし、入院中などの特別な状況では、励ましや希望を意味するので、ベッドの近くに貼ってもOKです。

寝室の空気を浄化するために
お香をたいていい?

B
OK。お香をたきながら寝よう

A
寝室にお香はダメ。他の部屋に

Answer is ... A

お香は、風のエネルギーを作り出し、気の流れを整えることができます。また、アロマ効果だけでなく、煙が漂うことで火のエネルギーによる浄化も期待できます。ですが、実はこの風と火のエネルギーは、休息の場である寝室にはふさわしくないのです。お香をたくなら、不浄の気がたまりやすいトイレのほうがおすすめです。

うちの間取りだとベッドが北枕に。大丈夫？

Ⓐ 北枕でも問題なし！

Ⓑ 布団にして枕の位置を変える

Answer is ... Ⓐ

北枕はまったく問題ありません。変な夢を見てしまうときは、むしろ北枕にするのがおすすめ。北は落ち着きをもたらす方角なので、安眠につながります。重要なのは、ドアのほうに足を向けて寝ること。ベッドは入り口からなるべく遠くなるように配置しましょう。窓の近くに置くときは、安らげるように必ずカーテンを閉めてください。

風水や方角占いに欠かせない「八卦」とは

八卦は、古代中国で生まれました。自然界を構成する基本的なシンボルのことで、「易」という占いで運を読み取るときに使います。乾（けん・天）・兌（だ・沢）・離（り・火）・震（しん・雷）・巽（そん・風）・坎（かん・水）・艮（ごん・山）・坤（こん・地）の8種類があります。

易という名は知らなくとも「細長い棒をたくさん手に持った占い師」といえばイメージが浮かぶ人もいるのではないでしょうか（ちなみに、占い師は易者といいます）。細長い棒は筮竹（ぜいちく）と呼ばれ、全部で50本あるんですよ。コイン、サイコロも用います。

また、八卦は古代中国の宇宙観を説明するときにも用います。

この世界の始まりは「太極」という何かよくわからない「点」のようなものでした。その太極は「陰陽」という2極に分かれ、陰陽は「四象（ししょう）」という4つの状態を作り、その四象が「八卦」を生み出したとされます。八卦とはこの世界を形づくる自然環境のすべてである……と、そういうようなことが易の占いの書物『易経』に書かれています。

あまり難しく考えてもなかなか理解しづらいと思うので、「八卦＝占いに使う基本的な要素」くらいに考えていただけるとよいでしょう。易の占いだけでなく、おなじみの風水や方角占いも八卦を利用しているんですよ。

八卦それぞれが持つ意味

八卦は、陰を破線、陽を直線で表し、それを組み合わせた「記号」で表します。

八卦		正象	象意
	乾 （けん）	天	高価なもの、権威、厳しさ、年配の男性、丸いもの、鏡
	兌 （だ）	沢	安価なもの、愛らしさ、若い女性、笑い、欠けたもの、食器
	離 （り）	火	美しいもの、絵画、写真、女性、文章、化粧品、三角形
	震 （しん）	雷	動くもの、音楽、電子機器、木、男性、スポーツ、まっすぐ
	巽 （そん）	風	従うもの、香り、花、長いもの、コミュニケーション、まとめ役
	坎 （かん）	水	低い、隠れる、深く考える、エロス、酒、飲みもの、悩み、流線形
	艮 （ごん）	山	立ち止まる、高層ビル、貯蓄する、積み上げる、若い男性、冷蔵庫、長方形
	坤 （こん）	地	包み込む、母親、年配の女性、クッション、柔らかい、コツコツ、正方形

［ キ ッ チ ン ・ 食 習 慣 ］

ワンルームに住んでいるんだけど、ベッドに座って食事してもいい？

Ⓐ 問題ない

Ⓑ 食事の場所は分けたほうがいい

Answer is ... Ⓑ

1人暮らしのワンルームでも、ベッドの上で食事をするのは NG。床に座り、ベッドにもたれるのもよくありません。寝ることと食べることは真逆の行為。エネルギーごとに使う場所は分けましょう。エリアの使い分けを楽しむことも開運につながります。食事は命をいただく行為。だらしない体勢で食べることは避けてくださいね。

キッチンで最も掃除すべき場所は？

シンク

B
コンロ

Answer is ... A

キッチンの中で最も重要なのは、シンクをきれいにすること。シンクを清潔に保つことは、開運につながる要素の1つです。実は、シンクは金運のエリア。食べものを扱う場所であるため、お金のエネルギーが集まると考えられています。蛇口の水垢や排水溝のぬめりを徹底的に除去しましょう。ピカピカのシンクにお金が集まってきますよ。

ズバリ、金運を上げてくれる食器は？

A 黄色

B 白

Answer is ... **B**

お金の気を高める色は、白です。さらに金運を上げるには、丸いものが重要。つまり、丸くて白いお皿がベストなんです。青い縁取りやお花の柄が入っていても大丈夫。特に重要なプレゼンなどがある日は、白くて丸いお皿にクリーム系のパスタを丸く盛って食べると最高！　黄色も金運がアップする気がしますが、実は安定を表す色なのです。

ランチョンマットは
使ったほうがいい？

A イエス

B どっちでもいい

Answer is ... A

食事の際には、ランチョンマットを敷くのがおすすめ。会社のデスクで
食事をする場合は、ペーパーナプキンを用意しておくと便利でしょう。
食事は気を高めるための神聖な行為です。タロット占いで布を敷いて
生活空間と区切るのと同様に、結界を張るつもりで。気分も上がるし、
テーブルを汚す心配もないですよ。

電子レンジを冷蔵庫の上に置くのは避けるべき?

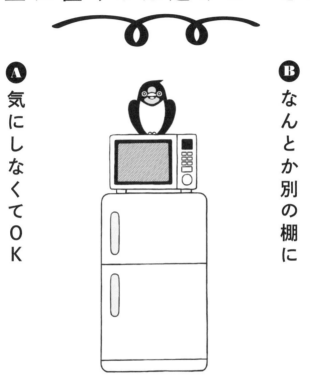

A 気にしなくてOK

B なんとか別の棚に

Answer is ... A

冷蔵庫の上に電子レンジを置くことは何も問題ないです。一部では「冷たいものと温めるものがケンカしちゃうから避けて」という風水の先生もいますが、結局はどちらも電化製品。木の板などを挟むなどといった対応も必要ありません。むしろ、掃除がしにくくなるので気にしないで。何よりも大切なのは、定期的にお掃除することです。

お米を保管するなら、
シンクの下？　コンロの下？

A シンクの下

B コンロの下

Answer is ... **B**

お米は天の恵み。太陽、光、慈愛などを象徴する神様が宿っていると考えますので、湿らせるなんてもってのほか。湿気の多いシンクの下は、避けたほうがよいでしょう。キッチンのコンロ周りはエネルギーが高く、お金や豊かさを表す部分なので、コンロの下のほうがよさそう。いつも清潔に保ってくださいね。

ゴミ箱を選ぶなら どっち？

A コンパクトサイズを選び、こまめに捨てる

B 蓋付き

Answer is ... B

ゴミ箱はにおいが漏れない、蓋付きのものが望ましいです。蓋をすることで不浄なものを遮断できます。ただし、紙ゴミだけを入れるなら、蓋は必要ありません。食べものの残りや果物の皮など、においの出るものを捨てるためのゴミ箱には蓋が必要です。また、キッチンの三角コーナーは特に汚れやすいので、最低でも2日に1回は掃除を。

［リビング］

リビングのインテリアの テイストは？

A 温かみのあるウッディ調

B かっこいいモノクロで統一

Answer is ... A

リビングは家族や友人が集まる場所。リラックスできるような温かみが大切です。木は生命力のシンボルで、人に温かさやぬくもりを感じさせます。木のアイテムを置くだけで、くつろげる空間になるのです。小さなものから買い足すなら、木製のフォトスタンドやフォトフレーム、丸みのある観葉植物がおすすめです。

見せる収納は
運気を下げると聞いたけど？

A きれいに保てるならOK

B 好きなだけ飾っていい

Answer is ... **A**

見せる収納自体が悪いとは思いません。整理されていればOKです。しっかりと整理され、美しく並んでいるなら、むしろ使いやすいですよね。ただし、問題はそのようなスキルとお手入れの時間があるかどうか。見せる収納はほこりがたまりやすいので、余裕がない場合はやめたほうがいいかも。センスに自信のある人は取り入れてみて。

観葉植物は
どこに置くといい？

Ⓐ ソファの脇

Ⓑ テレビの横

Answer is ... **Ⓑ**

観葉植物は木のエネルギーを持っています。木は音を出すものの近く
に置くと相乗効果があるので、テレビの横がイチオシ。行動力を高め
る助けになります。一方で、ソファの脇に置くのは避けて。座ったとき
に目線よりも高くなるものは、見下されるシンボルになります。同じ理
由で、自分よりも背が高い植物を置くのはおすすめできません。

観葉植物を選ぶなら、どっち？

A ゴムノキ

B サンスベリア

Answer is ... **A**

植物を選ぶときのポイントは、葉っぱの形。家は本来、ゆったり過ごす場所なので、ゴムノキなど丸い葉っぱの観葉植物を選ぶとよいでしょう。切り花を飾るときも、丸い形を意識して。でも、仕事場の場合はとんがっている葉っぱでもいいので、サンスベリアを置いても OK。戦う、上に伸びる、困難に負けず意志をつらぬくサポートしてくれます。

飾るなら、
何の絵がいい？

A 花の絵

B 馬の絵

Answer is ... A

「うまくいく」の語呂合わせから馬の絵を選ぶ人がいるようですが、実際には花の絵のほうがよいでしょう。花は自己表現の象徴。苦悩や煩悩に打ち勝つ力を与え、自分の可能性を開いてくれます。また、人との交流を助けてくれる効果も。浄化する力もあるので、心のモヤモヤも晴らしてくれます。絵が難しい場合は、写真でも OK です。

運勢がアップする
花の飾り方

金運

白や黄色の花を選んで
丸い花瓶に丸く飾る

金運を上げたい場合は、まず丸い形の花瓶を用意。そこに白や黄色の花を、ブーケのように丸く生けます。よい運気を呼び込めるように、玄関かリビングの入り口に置きましょう。金の装飾や置きものなど、金運を象徴する装飾品を一緒に飾っても GOOD。

勝負運

赤やオレンジ色の花を
真ん中が高くなるように生ける

出世や試験の合格など目標達成を願う場合は、勝負運がアップするように、活力を象徴するオレンジや赤色の花をセレクト。シルエットが三角形の花瓶に飾るとよいでしょう。生けるときの形も火を意識し、3本の花を高低差をつけて花瓶に挿してみて。かすみ草などをプラスしても OK。

恋愛運

淡いピンクの花を
2本ペアで飾って

恋愛運をアップさせたい場合は、飾る花の中に、淡いピンクの花を2本ペアで入れるのがおすすめ。透明なガラス製で曲線的なデザインの花瓶を使いましょう。花の色はピンクや淡い赤色でもかまいません。また、棚にグリーンネックレスなどを飾ると、人とのつながりを強める効果があります。

家庭運

どっしりとした花瓶と
黄色い花で家族円満に願いを

家庭の安定や家族円満を願う場合は、黄色の花を選びます。花瓶もどっしりとした安定感のあるデザインのものを使うことで、平和な日常を願うことができます。また、黄色の花は土の五行を表すことから、お見舞いにも最適。病気や怪我の回復を早めてくれます。

勉強運

ブルーや紫色の花が
集中力をアップさせる

勉強運を向上させたい場合は、水の五行を意識してブルーや水色、紫などの寒色を活用します。冷静さや集中力を高めることができるでしょう。花瓶は木の五行を意識し、まっすぐで背が高く、細長い花瓶を選びます。学業の発展を望め、要領よくものごとを進められます。

ソファの色を選ぶなら？

A 明るいベージュ

B 汚れが目立たないダークブラウン

Answer is ... B

ソファの色は、土のエネルギーである茶色系がおすすめ。安心感や安定感をもたらしてくれます。一方で、白や明るいベージュは、汚れるかもと気を使う人は避けたほうがよいでしょう。リラックスできなくなってしまいますからね。素材は革製よりも、布製（コットン）を選んで。コットンには邪気を吸収してくれる効果があります。

ティッシュボックスは そのまま置いていい?

A 見せないように隠すべき

B かわいければ 出しておいても大丈夫

Answer is ... B

風水では一般的に「できるだけものを出さないほうがよい」とする考え方がありますが、僕はかわいければ問題ないと思います。昔の風水では、とにかく片付けることが好まれました。それは、ほこりがたまり、清潔に保てないから。でも、頻繁に使うティッシュならその心配はないはず。ただ、出していると気分が下がる場合は片付けて。

部屋の中で鏡を置く位置は どこがいい?

A 扉の対角線上を避ける

B 部屋の角に沿って置く

Answer is ... **A**

扉の対角線に位置するエリアは、財のエネルギーが集まる場所。できるだけ余計なものを置かないようにしましょう。鏡はもちろん、観葉植物なども避けてください。空けておく広さに比例して、金運が上がりますよ。卓上ミラーも姿見も、基本的には太陽光を避けて置きましょう。ギラギラ光を反射させないことが開運のポイントです。

［風呂・トイレ］

浴槽のお湯は
すぐに抜くべき?

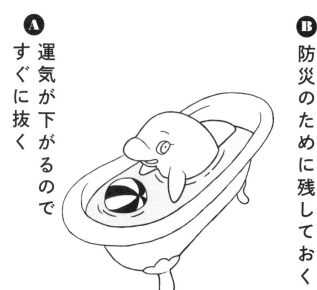

B 防災のために残しておく

A 運気が下がるのですぐに抜く

Answer is ... A

お風呂は休息には必要なものですが、たまった水は運気を下げる要因になります。モヤモヤした気が下のほうに沈み、気の流れを滞らせることも。運気という観点からはすぐに抜いたほうがいいですが、防災のために残しておきたい場合もありますよね。その際は、お風呂の蓋をしっかりと閉め、湿気がたまらないように注意しましょう。

開運するトイレ掃除の やり方は?

B
汚れに触れないよう、
ブラシを使う

A
素手でぞうきんで磨く

Answer is ... B

「トイレには神様が棲んでいるから、掃除は素手でやるべき」と考えている人がいますが、それはナンセンス。そんなこと、トイレの神様は望んでいません。衛生的な観点からも、ブラシを使ったほうがいいでしょう。トイレは悪い気がたまりやすい場所なので、掃除はこまめに。最近の住宅は空気が通りにくいので、換気扇も24時間つけて。

トイレ空間での
過ごし方は？

B
本を読んだり
スマホを見たりせずすぐ出る

A
リラックス空間として
自分の好きなものを置く

Answer is ... B

トイレにこもるとなぜか落ち着くという人がいますが、トイレは邪気を祓う場所なので、リラックス空間として使うのは NG。そこに本や漫画などを持ち込むと、火のエネルギーを入れることになり、休息の水と相反してしまいます。ただし、出先のトイレで短い瞑想をするのはアリ。しかし、自宅のトイレでは避けたほうがよいでしょう。

トイレカバーって
マスト?

A つけないほうがいい

B つけたほうがいい

Answer is ... A

トイレにカバーなどをつけるのは、清潔さを保つのが難しいためおすすめしません。便座を温める機能がついているなら、それを活用しましょう。 汚れたらこまめに掃除をすることを心がけて。また、トイレを派手に飾ることも控えて。火の要素を増やすことになり、運気的にもよくありません。壁紙なども無地がおすすめです。

トイレに飾るなら
どっち？

Ⓐ
時計

Ⓑ
絵画

Answer is ... Ⓐ

トイレの水は清めるエネルギーを持ち、絵画は火のエネルギーを持ちます。水と火は相性が悪く、争いを引き起こす可能性があるため、トイレには絵画や派手な壁紙などは避けるべきです。一方、時計は金の五行と関連し、要らないものを切り捨てる作用があります。水とは相性がよいとされていますので、飾るなら時計にするのが正解です。

トイレ掃除は
いつやる？

A 朝

B 夜

Answer is ... B

朝にトイレを掃除することはダメではありませんが、夜のほうがおすすめ。トイレは陰の場所であり、汚れがたまりやすい場所です。そのため、掃除には陰の時間である夜が適しているんです。夜に掃除しておくと、朝にはきれいな状態で使えるようになるのもいいですね。一方、朝はリビングや玄関など、陽の場所を掃除するのに最適です。

［仕事・勉強部屋］

作業用の机はどこに置く?

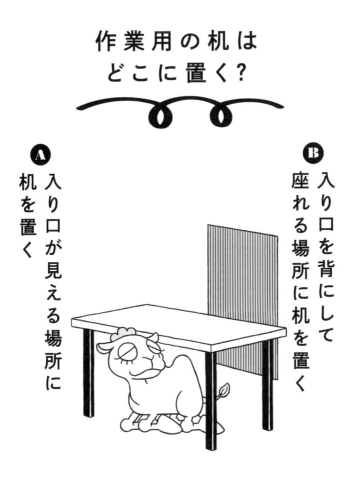

B
入り口を背にして座れる場所に机を置く

A
入り口が見える場所に机を置く

Answer is ... A

扉は基本的に運勢を支配するエネルギーを持っています。背中を向けてしまうと、入ってくるエネルギーから目をそむけることに。扉のほうを向くと、入ってくるものを受け入れ、運を味方につけられます。つまり、机は入り口に向かって置くのがおすすめ。窓に向けて置くとよいという話もありますが、かつては明かり取りのためにそうしていたのでしょう。

机の上に何を置くといい？

A ペン立てや時計ぐらい

B サボテンや多肉食物など小さいグリーンで飾る

Answer is ... A

金のエネルギーを高めたいデスクには、仕事関係のアイテムを配置。時計やはさみ、パソコンなど、業務に役立つアイテムが適しています。カレンダーも悪くない選択です。一方、植物は無秩序に広がっていく象徴。さまざまな要素を集約させて、結果を求めていく仕事には不向きです。気が散らないように仕事に関連するものを置きましょう。

勉強運が上がる
ボールペンの素材は？

A 金属

B 木

Answer is ... B

勉強に使う文具の代表は、シャープペンやボールペンです。運を高めるものを選びたいなら、木でできたものを選んで。使った分だけ味わいが出る木には、努力が結果につながるという意味合いがあります。その一方で、金属製のボールペンは木に比べると重いので、手への負担が大きく、長時間使う勉強には不向きです。

本棚に飾るなら どっち？

A エアプラント

B 時計

Answer is ... A

本棚は詰め込みすぎないようにし、代わりにテロンと垂れる観葉植物やエアプラントなどを置くと、勉強運がアップ。高みを目指す助けとなります。本は火、植物は木のエネルギーを持っているため相性がよく、本棚の知識を吸収できるようになります。時計は金のエネルギーで、本が持つ火のエネルギーと相性が悪いので控えましょう。

column 2 「こうでなければいけない」 を捨てる

　ご自愛は言い換えれば、「本当に自分がやりたいこと」を積み重ねていくことです。

　でも、この「本当に自分がやりたいこと」が難しいんですよね。

　人間は、頭と心とお腹で考えると言われるぐらい、思考、感情、本能が入り混じっています。理性ではダメとわかっていることを、本能的にやってしまったり、自分のためにやるべきことなのに、やりたくない感情を正当化するために理屈をこねたり。心と頭と欲望のせめぎ合いの結果で行動を決めています。

　それぞれがバラバラなときに、「心」をリーダーにすることが「ご自愛」です。欲望に流されるのでもなく、「こうでなければいけない」に縛られるのでもなく、今の自分と明日の自分の「幸せ」を基準に行動を決めていくのです。

それなのに、僕たちは頭か欲望に主導権を握らせがちです。「こうでなければいけない」という考えが心を抑え込んでしまった結果、満たされない気持ちを抱えたまま働くことと、欲望に流されてしまう自分を責めることとの間を行ったり来たり。

　心休まることも、自分を許すこともありません。

　本当に自分がやりたいことを無視して、「こうでなければいけない」と考えることは、自分ではない他人になろうと努力するのと同じこと。幸せの手に入れやすさを考えるなら、「こうなりたい！」といったハッキリした目標は持たないほうが無難です。目標を絞りすぎると、その分だけ幸せのストライクゾーンも狭まってしまうのです。

　多くの方が「世間の決めた正解」に囚われて、その正解を出せない自分を不幸だと決めつけています。

　目標を絞り、「こうなりたい！」「こうじゃなきゃいけない！」と決めごとを増やすのは、自分自身を叩き上げ磨くことです。幸せになるというよりは、自らを追い込み修行するイメージに近いでしょう。

　一方で、「今年中に資格を取るぞ！」とか「夏までに３キロ痩せる」など、明確に時期を絞って、生活の一部を「修行」にするのは大いに賛成です。

たくさんの目標を描けば、その分だけ自分を否定すること
にもつながります。自己否定のクセがあるかどうかに気づく
には、他者から褒められたときに生まれる感情に意識を向け
ることです。もし褒められても「私なんてまだまだ」と素直
に喜べないとしたら、高すぎる理想や多すぎる目標に気をつ
けたほうが安心かもしれません。
「こうなりたい！」と追う夢は１つか２つに絞って、手を広
げすぎないよう意識してみましょう。それだけで流れは変
わっていくはずです。

郵便はがき

| 1 | 5 | 0 | – | 8 | 4 | 8 | 2 |

お手数ですが
切手を
お貼りください

東京都渋谷区恵比寿4-4-9
えびす大黒ビル
ワニブックス書籍編集部

―― お買い求めいただいた本のタイトル ――

本書をお買い上げいただきまして、誠にありがとうございます。
本アンケートにお答えいただけたら幸いです。
ご返信いただいた方の中から、
抽選で毎月5名様に図書カード（500円分）をプレゼントします。

ご住所　〒	
TEL（　　-　　-　　）	
（ふりがな） お名前	年齢 　　　　歳
ご職業	性別 男・女・無回答
いただいたご感想を、新聞広告などに匿名で 使用してもよろしいですか？　（はい・いいえ）	

※ご記入いただいた「個人情報」は、許可なく他の目的で使用することはありません。
※いただいたご感想は、一部内容を改変させていただく可能性があります。

●この本をどこでお知りになりましたか?(複数回答可)

1. 書店で実物を見て　　　　　2. 知人にすすめられて
3. SNSで(Twitter:　　　Instagram:　　　その他　　　)
4. テレビで観た(番組名:　　　　　　　　　　　　　)
5. 新聞広告(　　　　新聞)　6. その他(　　　　　　　)

●購入された動機は何ですか?(複数回答可)

1. 著者にひかれた　　　　　　2. タイトルにひかれた
3. テーマに興味をもった　　　　4. 装丁・デザインにひかれた
5. その他(　　　　　　　　　　　　　　　　　　　)

●この本で特に良かったページはありますか?

●最近気になる人や話題はありますか?

●この本についてのご意見・ご感想をお書きください。

以上となります。ご協力ありがとうございました。

PART

3

人づきあい

友達ってやっぱり多いほうがいい？

B 友達はいなくても大丈夫だよ

A コミュニティに所属して友達を探そう

Answer is ... A

広く浅い人間関係は、運気によい影響を与える「風」を起こす一方、孤独は揺るがない土のエネルギーを強めてしまいます。すでに得たものを守りたいときは孤独でもよいのですが、可能性を開花させ開運したいなら、風をもたらしてくれる人の輪を広げましょう。受験のときは、人との交流をセーブして自分の内面を磨くという選択もアリです。

いつも運のいい友人が
うらやましい。どうしたら？

A 観察して真似をする

B 自分の運が吸い取られるから距離を置こう

Answer is ... A

誰かをうらやましいと思うのは、心が渇いているサインです。言い換えれば、カラカラのスポンジが水を吸うように、何でも吸収できるタイミングだということ。どうせなら幸せの習慣を真似て、自己成長につなげましょう。また、人の幸福や成功に喜びを感じられるのも、自分が幸せになる上でとても大切なことなんですよ。

苦手な人との避けられない付き合い……どうしよう?

A その人と話すときは
左半身を前に出す

B その人と話すときは
右半身を前に出す

Answer is ... B

苦手な相手とどうしても関わらないといけないときは、体の使い方で対処を。右半身を前に出すと発信するエネルギーが強まり、バリアを張ることができます。相手を受け入れないという気持ちが明確になり、心を強く保てるはず。逆に、左側は受け取るエネルギー。相手の話をよく聞きたいときは、左半身を前に出すといいですよ（P.130 参照）。

人と付き合うとき、短所には目をつむる?

Answer is ... B

よい人間関係は持ちつ持たれつ、バランスが大事です。助けてもらうだけでなく、相手にも手を差し伸べるには、相手の弱点や短所を知っておくことが必要です。それに、よいところばかりを見ていると、相手が自分を素直に表現できなくなり、関係が息苦しくなる可能性も。お互いに本音を話しやすい関係を作ることが、長続きの秘訣です。

気になる人との相性が最高だった！ 信じてGO？

B
違う占いでも試して用心深く検証

A
絶対にうまくいくので、強気でアプローチ

Answer is ... A

最高の相性ということは、よい関係を築けるということ。どんなに相性がよくても、関係が始まらなければ絵に描いた餅です。占いは背中を押すための道具なので、あなたが進みたい方向に進むために使ってください。迷いをなくすのが占いの役目なのに、いろいろ占って迷いを増やしてしまっては本末転倒ですからね！

気になる人との相性が最悪。あきらめる？

B
用心するので
逆にうまくいくことも

A
残念ながらあきらめよう

Answer is ... B

相性が悪いと言われても、そのままあきらめるのは早計です。重要なのは、自分の本当の気持ち。最悪だと言われても、相手を愛しているかどうかなんです。付き合う前に相性が悪いことがわかれば、うまくいくように対策を練ることもできます。「あのとき、気持ちを伝えておけばよかった」と後悔しないためにも、勇気を持って前に進んで。

好きな人と
両思いになりたいときは？

A 揺れるハートのイヤリングをつける

B 小指の爪にピンクのハートを描く

Answer is ... A

ただ待つだけでは、なかなか恋愛成就は難しいもの。アプローチしなくては何も始まりません。でも、行動するには勇気が必要ですよね。そんなときは、揺れるハートのイヤリングやピアスをつけて、相手に話しかけてみて。揺れるものは風のエネルギーの象徴。人付き合いをスムーズにしてくれる力があるので、きっと好印象を与えられるはず。

婚活・就活で良縁を引き寄せたい！

Ⓑ スマホケースを赤色の手帳タイプにする

Ⓐ お気に入りの香りを使い分ける

Answer is ... Ⓐ

香りは、風と火のエネルギーを含んでいます。転職や就職といった新しいステップを踏み出すときに、上昇する力を与えてくれるでしょう。ただ、同じ香水を毎日つけるのではなく、シーンによって使い分けることが重要。香り自体は、自分の好みで選んでOKです。それが、今の自分自身の状態や気持ちを知る手がかりになることも。

デートで映画に。
選ぶといい席番号は?

A 7がつく数字

B 3がつく数字

Answer is ... B

デートで映画に行く際に、選ぶとよい数字は「7」よりも「3」です。デートは2人で行くものですが、「3」は2人で踏み出す新たな1歩(2+1)の象徴であり、次の展開の暗示。西洋では展開や発展を表す数字です。「13」は不吉とされる場合もありますが、座席番号なら選んでも問題ナシ。番号ではなく、3列目、13列目などと捉えてもOKです。

好きな人に
メールを送る時間は？

A
午後0時24分

B
午後0時31分

Answer is ... B

好きな人にメールを送る時間は、「31分」がよいでしょう。これは3と1を足して4になるから。「4」は人との交流や約束を象徴し、願いが通じやすくなる数字なんです。仕事で企画を通したい場合などのメールにもぴったり。数秘術では、4は死を意味するのではなく、信頼関係や安定を表します。「13分」や「40分」などでもOK！

意味を知って
数字を味方につける

数字の持つ意味には、数秘術や占星術、神秘主義、宗教など、さまざまな文化や信仰が関わっています。数字同士を組み合わせることでより深い意味が生まれることもありますが、まずは基本をご紹介。何かを選ぶときに意識すると、運を呼び込むことができます。

意見を出し合うことで
新しいものが誕生

奇数であり、最も簡素な数字。奇数は陰陽のうちの「陽」を表し、熱さや活発さ、積極性を象徴します。方向性が決まってないときに、やる気を促すために使われることも。

2つの点と点をつなぐ
見えない絆の証

絆や協力関係の象徴。愛情やパートナーとの絆を深めたいときにぴったり。愛の告白や契約書を交わす際にも、この数字のつく日時を選ぶことで、よりよい結果が得られるかも。

何かを始めたいときに
選びたい数字

3はゲンのいい数とされており、あやふやだったアイデアが形になり、実現への一歩が踏み出される証。1人旅をする際は、3のつく日や時刻に予約してみるとよいかもしれません。

4

**描いていたアイデアを
現実に変える力**

安定感や地に足をつける感覚を象徴し、あやふやだったアイデアを実現する力を持っています。習い事のスタートや、長く持ち続けたい道具を買うのは4のつく日に。

5

**自分のこだわりを
貫きたいときに**

数字の中心に位置する5は、自己主張する力を象徴します。自分の意見をはっきり伝えたいときやプレゼンを成功させたいときには、5のつくタイミングにメールを送信してみて。

6

**高い次元から
自分を見つめ直せる**

主観的な視点から脱却して、客観的な視点から見たいときに使うとよい数字。ツイてないことが続いているときに、厄払いのお参りをするなら6のつく日が一番効果的。

7

**ほっとひと息ついて
心身を癒すための数**

キリスト教では7日目は休息の日なので、安らぎや休息を象徴します。誰かとケンカしてしまった際に、仲直りのためのメッセージを送るなど、和解や癒しを求めるときは7を意識して。

8

**何ごとも受け止める
度量の広さを表す**

豊かになりたいときに意識したい数字。漢字で書くと末広がりなどと言われるように、時間と共に大きく繁栄していくイメージです。結婚や投資などは8がつくタイミングで。

9

**不運と縁を
切りたいときに
助けになってくれる**

数字の9は、1桁と2桁の間を守護する番人。活発でパワフルな状態を表します。次のステージにステップアップしたいときはもちろん、縁切りや魔除けとして使うことも。

恋愛運を上げたいときに
強調する体の場所は？

A 胸

B ウエスト

Answer is ... B

ずばり、ウエストです。腰回りは、恋愛を表す「天秤座」の場所と
されています。ピタッとしたトップスを着る、ふわっと広がるスカートを
はくなど、ウエストのくびれを強調する洋服を選ぶのがおすすめです。
男性の場合は、腹筋を鍛えるのがいいでしょう。一方、胸は「蟹座」
を象徴し、母性や家庭運を高める場所とされています。

失恋した！ 思い出を手放す「儀式」は？

Ⓐ
新月前日に
「ありがとう」フォルダに保存

Ⓑ
思い出の写真を満月の日に
スマホから一気に削除

Answer is ... Ⓐ

元彼などの写真や情報をスマホから削除したり、燃やしたりすることは、
自分の過去を否定する行為。自分を傷つけることにつながります。「あ
りがとう」などポジティブな名前のフォルダ（もしくは箱など）を作って
いったん移動させるのがおすすめ。あとで感情が落ち着き、本当にい
らないものだと判断したときに処分しましょう。

誰 か に お 詫 び の 電 話 を
す る な ら ど っ ち ?

Ⓐ
午後2時に電話をかける

Ⓑ
午前11時に電話をかける

Answer is ... Ⓐ

太陽は目上の人の象徴。午前11時だと、太陽が天頂を目指し地上
から遠ざかる時間ですが、午後2時だと僕たちのいる地上に近づく途
上になります。つまり、こちらに歩み寄ってくれる時間帯であるというこ
と。特に、柔らかさを表す未の刻＝13時〜15時の間がベスト。さら
に丁寧にお詫びを伝えたい場合は、淡い黄色の便箋で手紙を書いて。

知らない人ばかりの
パーティではどう振る舞う？

B みんなに挨拶して回る

A 1人でいる人を選んで話しかける

Answer is ... **B**

挨拶はとても大事。たとえ見知らぬ人たちばかりでも、立食パーティー
などに出席したときは、勇気を出してたくさんの人に挨拶してください。
風の気を入れることで運気が活性化し、よい情報が入ってきやすくな
ります。柔軟性も磨かれますよ。また、挨拶をはじめとする礼儀作法
は火のエネルギーを表すので、闇を払う効果もあります。

ごちそうやプレゼントを、もらったときのお礼は？

A すぐにLINEする

B お花を持っていく

Answer is ... **B**

すぐにLINEで感謝を伝えるのも素敵ですが、お花は風のエネルギーを持っています。お花を買ってその人のところまで届けるという行為は、想いを持って距離を移動するということ。実際に動いた距離の分だけ、エネルギーが実体化するんです。そもそもプレゼントというのは、選ぶ時間も大切で、その行動自体が開運につながるんですよ。

大切な人から贈られたお花、どうする？

B ドライフラワーにしてとっておく

A 枯れたら「さようなら」する

Answer is ... A

大切な人からもらったお花が枯れてしまったら、捨てるのは悪いことではありません。もちろん、ドライフラワーにするのも素敵なアイデアですが、ものの無常さを味わうことも重要。何かを永遠に保持しようとするのは、執着心や貪欲さからの苦しみにつながることがあります。お花は枯れてしまうもの。移り変わる自然の象徴なのです。

column 3 幸せをつかむのは「自分の手」、差し伸べられるのは「誰かの手」、「ありがとう」に勝る開運術なし

　開運アクションだけやっていれば運がよくなるのでしょうか。そんなわけありませんよね。家から一歩も出ず、誰とも連絡を取らなかったら、一体どこから幸運がやってくるというのでしょうか。運は「はこぶ」と読むように、動いて初めてもたらされるものです。

　よく、運気の「波に乗る」という言い方をしますよね。運を波にたとえるなら、波に乗れるのは、波が来たときに沖にいる人だけです。浜辺にじっと座っている人が波に乗ることはありません。それに、波に乗る力量がない人も乗れません。努力して技術を身につけた上で、そのタイミングに沖にいることが、波に乗るための最低条件です。

　つまり、運がいい人とは、日々の努力や準備によって、

チャンスを捉えるための環境や状況を作り出している人にほかならないのです。

　開運したければ、とにかく行動することです。もちろん、やみくもに動けばいいわけではありません。「こうありたい」と思う方向に一歩でも近づいてみてください。人から愛されたいなら挨拶をする、賢くなりたいなら1ページだけでも本を読む、お金を貯めたければ100円玉を貯金箱に入れる。ほんの小さな一歩でいいんです。逆に無理をすると続けられなくなります。できることから始めましょう。

　季節が巡るように、運は平等に巡ってきます。運が悪い人というのは、幸運に気づかない人のこと。ありたい自分に向かって行動していると、自分のことを誇らしく思う気持ちが

育ってきます。その気持ちは
「私には幸運が巡ってくる」と
いう前向きな予感につながり
ます。開運アクションという
のは、実はこの予感を得やす
くするためのお手伝いに過ぎ
ません。

　もう1つ覚えておいてほしいのは、ピンチを救ってくれる
のも、チャンスをくれるのも、神様ではなく人間だというこ
とです。宝くじに当たるのは神様のおかげじゃないの？　と
思われる方もいらっしゃるでしょう。確かに何の努力もせず
に大金が入ってくるのはうれしいことかもしれませんが、そ
れは本当に幸運でしょうか。お金はあるに越したことはない

ですが、お金がすべてではありません。ただ漫然とお金があれば贅沢できると思っている人に入ってくる大金は砂漠に水を撒くようなもので、幸運と呼べるものではないでしょう。

　幸運とは、あなたの人生に吹いてくれる追い風です。あなたが幸せな方向に歩みを進めるとき、助けてくれるのが、幸運。それはつまり人なんです。運がよいとは「よく助けられている」ということ。何もかも自分１人の力ではないことを忘れないでください。

　運がよくない人ほど「ありがとう」を言っていません。何をやってあげてもお礼ひとつ言わない人からは、人が遠ざかっていきますから、幸運も逃げていくでしょう。最高の開運術を１つだけ教えてくださいと聞かれたら「ありがとうを

言いましょう」と答えます。言えば言うほど幸せになれる魔法の言葉です。最近なんだかいいことがないなと思ったら、意識的に口にしてみてください。きっと幸せを呼び寄せることができるでしょう。

PART

4

ビューティー

ダイエットを始める
ベストタイミングは？

A
新月

B
満月

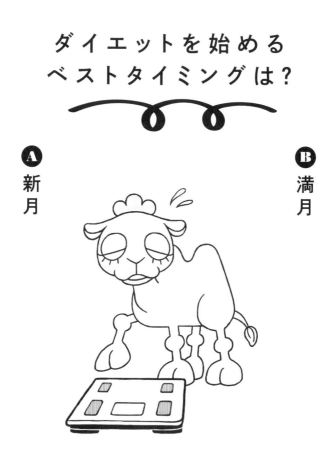

Answer is ... B

ダイエットを始めるなら、満月の日からスタートするのがおすすめ。満月は最も月が丸いとき。それ以降はどんどん月が細くなっていきます。月はとってもパワーが強いので、心が影響されやすいんです。黒い紙に白いペンで、大きな文字で目標を書くと、ストイックさを引き出してくれるので、さらに成功率が高くなりますよ。

開運するための
スキンケアは？

A おでこの保湿

B 輪郭のリフトアップ

Answer is ... A

仕事運を上げたいなら、おでこのケアが重要。しっかりと保湿をして、おでこのうるおいをキープしましょう。おでこを出す髪型にすると、さらに運気がアップしますので、似合う人はぜひトライしてみて。また、人相学的には、ふっくらとした輪郭は幸運の神様に愛される福顔です。だから、リフトアップにこだわる必要はありません。

金運を上げる
メイクは？

CHECK

CHECK

Answer is ... A

金運をアップさせたいなら、メイクはリップではなく、鼻に注目しましょう。
実は、鼻は「財帛」と呼ばれる人の富貴を象徴する部位で、鼻筋が通った人はお金持ちになると言われているんです。もちろん、メイクで補っても効果があります。ハイライトやノーズシャドウを使って陰影をつけ、シュッとした鼻筋を演出してください。

恋愛運を上げる
メイクは？

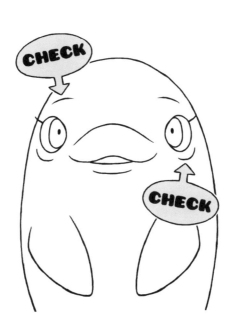

A 眉毛を整える

B 涙袋メイク

Answer is ... B

恋愛運を高めるためには、メイクのポイントを涙袋に置くのが効果的。うるおいのあるカラーを使って涙袋を強調すると、より魅力的な印象を与えることができますよ。特にピンクは、柔らかく愛らしい雰囲気になるのでおすすめです。とはいえ、大人の場合はやりすぎにはご注意ください。さりげなく取り入れてみましょう。

仕事運を上げる
メイクは？

A チークで頬骨を強調

B ぱっちりアイメイク

Answer is ... A

仕事運を上げたいなら、頬を強調するメイクがおすすめ。自己主張や前向きな意志を表現することができます。肌の色に合ったチークをふんわりとのせてみて。特にフリーランスや、会社でプロジェクトリーダーを任されている人は、頬のメイクがマストです。チークを主役にするためには、アイメイクは控えめのほうがよいかもしれません。

ファッションの中で
投資するなら？

B いい場所に連れていってくれる「靴」

A 大事な持ちものを入れる「カバン」

Answer is ... B

ファッションに投資するなら、バッグより靴を選びましょう。それは、靴は私たちを素敵なところに連れていってくれるシンボルだから。自分の可能性を広げてくれるんです。なりたい姿に合わせた靴を履けば、憧れのライフスタイルに近づきます。人に出会ったら靴に注目するという人は多いので、気を抜くと文字通り足元を見られてしまいますよ。

落ち込んでいる日に 選びたい服の色は？

Ⓐ 赤い服

Ⓑ 黄色い服

Answer is ... Ⓑ

落ち込んでいるときは、復活や再生を象徴する黄色の服を選ぶのが◎。穏やかに元気づけてくれる効果があります。服に黄色を使うのが難しいという人は、靴下や下着などに取り入れてみてください。土のエネルギーで、心をほっと落ち着かせることができます。そして元気になったら、火のエネルギーを持つ赤を身にまとって上昇しましょう！

ファッションの流行は取り入れるべき？

A 流行関係なく好きな服を着続ける

B 流行は常にチェックして取り入れる

Answer is ... A

流行に左右されずに、好きな服を着続けるほうが運気は上がります。たとえば、良質なレザージャケットなどは何年経っても魅力が衰えませんよね。周囲の流行に左右されることなく、自分の個性やスタイルを大切にすることが大事です。ただし、1、2年間着用していない服は、運気の停滞を招く可能性があるので、思い切って処分しましょう。

買ったけど着ていない服。
もったいないけど……

A 工夫して着る

B 潔く手放す

気に入らない服を無理に着ることは、自分の気持ちを大切にしないことにつながり、運気を下げてしまう可能性が。買ったときはテンションが上がっていたけど、家で冷静に考えたら違和感を覚えて着ていない服もありますよね。そんな服は、前進を妨げる要因となります。手放すことで、新しいエネルギーを引き寄せることができますよ。

美容院に行くときの
ファッションは？

Ⓐ 新しいお気に入り服をおろす

Ⓑ リラックスできる着慣れた服

Answer is ... **Ⓐ**

美容院には新しい服で！ 特にイメージチェンジしたいときは、今まで着る勇気のなかったデザインに挑戦してみると、美容師さんからよいアドバイスを得られるかもしれません。新しい服は八卦の雷を象徴し、ひらめきやチャレンジ、勇気のシンボル。また、美容院は火のエネルギーで雷と相性がいいため、生まれ変わりを助けてくれます。

ラッキーカラーの服を
着ていると開運する?

A イエス

B ノー

Answer is ... A

ラッキーカラーは占いによって提示されるもの。それを素直に受け入れることで、これまでできなかったことが叶うようになるかもしれません。スタイリストからのアドバイスで服を変えるのと同じように、自分では選ばないものにも挑戦することが大切。行き詰まったときやうまくいかないときこそ、ラッキーカラーを意識してみましょう。

自分のラッキーカラーを
どうしても好きになれない……

A 好きな色が持つ
運気のほうが強い

B 小物や見えない部分で
取り入れる

Answer is … B

嫌いだから使わないというのは、気に入らないアドバイスは受け入れないと言っているのと同じ。見えない部分でも悪くはないけど、ラッキーカラーを生かすなら、目に入る場所に使うのがベスト。スマホケース、手帳、ネイルなど、少しでいいから取り入れてみて。「まあ、やってみるか」という柔軟性が、人生にはとっても大事なんです。

下着は何色を選ぶと開運する?

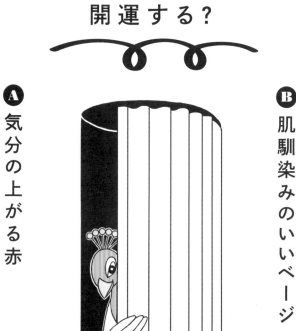

A 気分の上がる赤

B 肌馴染みのいいベージュ

Answer is ... **A**

運を引き寄せたいときは、赤やピンクを選ぶといいでしょう。大切な仕事や勝負ごとに臨む際には、勝負下着として赤やピンクを選ぶと生命力が湧いてきます。一方で、水のエネルギーを持つ黒も重要。よく赤やピンクを着用している人は、勝負のときだけ黒に変えることで、より引き締まった気持ちになりますよ。

下着の替えどきは いつ?

A 長くても6ヶ月ごとに新調

B くたびれるまで大事に使う

Answer is ... A

下着は長くても6ヶ月で交換しましょう。特に大事な日には、新しい下着をおろすのがおすすめ。見えない部分にも気を配るのは、自分を大切にする意識の表れであり、とてもよいことなんです。下着を選ぶときは肌触りが重要。理想の素材はコットンですが、コットン以外でも肌触りがよければ OK です。

時計をつけるなら 左右どちらの手?

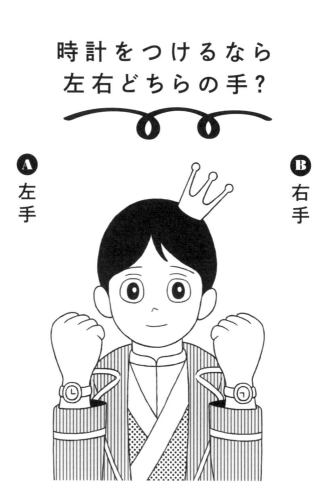

A 左手

B 右手

Answer is ... A

時計はリズムを刻むもの。運気のリズムを整えるために、受け入れることを表す左側、つまり左手につけるとよいでしょう。運気の乱れのない、安定したリズムに身を委ねることができます。デジタル時計よりも、歯車が狂わずうまく循環することを象徴するアナログ時計のほうがおすすめ。利き手に関係なく、時計は左手につけると開運できます。

出会い運をアップしたい。 どの指に指輪をつける?

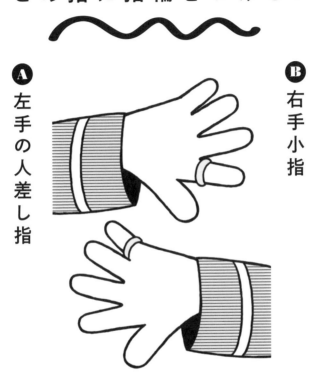

A 左手の人差し指

B 右手小指

Answer is ... B

小指は好奇心、興味、直感の指であり、恋愛運の象徴。指輪は運気を強化してくれるので、コミュニケーションを楽しむ助けとなります。右手小指には自分が相手を楽しませ、リードする会話力が宿っていますので、出会いの場にはぴったり。ちなみに左手の人差し指だと、社会的に認められたいという意味になってしまいます。

体の「左右」に宿る秘密

体の右側と左側。普段あまり意識することはありませんが、実は
どちらを向けるか、どちらを使うかで意味が変わります。自分の
心を守りたいときや意思を強く持ちたいときに力を貸してくれるの
で、うまく利用してみて。

体の左に宿る意味

周囲からの影響を
受け取る側

体の左側は、陰のエネルギーの象徴。周囲から
の影響を受け取る側とされています。そのため、苦
手な人と会話しなくてはいけないときに左側を前に出
してしまうと、イライラするなど気持ちが振り回されが
ちになります。

逆に、好きな人との距離を縮めたいときは、まず
相手を理解するのが重要なので、左側を前にしてみ
て。バーや映画館など2人で並ぶ場面では、相手
の右に座ると自然に左が前になります。左の手のひ
らを上にして、テーブルや膝の上に手を置くのもよ
いでしょう。

パワーストーンは
左右どちらにつける?

　パワーストーンを「魔除けのお守り」として使うなら左側に、「その石が意味することを現実にする」という願いを込めるなら右側につけると効果が高くなります。

　たとえば金運の石である「シトリン」は、左側につけると節約や金運を守る効果が期待され、右側に身につけると勝機を逃さず金運を上げる効果があります。

体の右に宿る意味

周囲に影響を
与える側

　体の右側は陽のエネルギーを示し、周囲に影響を与える側です。相手に何か伝えたいことがあるときや自分が主導権を握りたい場面では、右側を前に出すとよいでしょう。右手を使ってボディランゲージをすると、説得力がさらに増します。プレゼンや発表会など、自分が前に立って情報を発信しないといけないような場面では、右足を一歩前に出すと無理なくポーズが決まります。

　また、苦手な人と会話しなくてはならない場面では、右側を前に出すのがコツです。

左手と右手の意味

左手には 自分の内面が 現れる

　左手の手相は、自分の内面が反映されます。本人も意識していないクセや、リラックスしたときに見せる顔がわかります。結婚運や恋愛など、プライベートなことに関しては左手の手相を重視すると、的中率が高くなります。

右手には 外に見せたい 顔が現れる

　右手の手相には自分が外部に見せる顔が反映されます。人やものごとに対してどういうスタンスで臨むのか、どんな態度を取りがちなのかがわかるため、仕事運を知りたい場合は、右手の手相を重視します。

　占い師は両手を見ることで総合的に判断しますが、左右の手相に大きな違いが見られるときは、本音と建前が違っているのかも。また、両親が不仲だったり、家庭環境が混乱していたりする場合も、左右の手相に違いが現れることがあります。一方、左右の手相に大きな違いが見られないときは、その人物は裏表がない性格であるということを示します。思っていることが顔に出やすいため、他人から見てもわかりやすい人で、本来の自分を表現するのが得意。好きなことを仕事にする運があるのかもしれません。

それぞれの指に宿る意味

親　指　その名の通り、先祖や家族を表す指です。ここに傷があると、家族のごたごたが起きる恐れ。親指の関節がグッと反る人は柔軟なタイプ、親指の関節が反らない人は意志が強いタイプです。

人差し指　リーダーシップを表す指です。ここに指輪をつけると、人を引っ張っていくパワーを得られます。

中　指　集中力や責任感を表す指です。ここに指輪をつけると、周りに妨害されない集中力を得られます。

薬　指　遊び心やクリエイティビティを表す指です。また、心臓とつながる指だとされており、薬指のリングは気持ちに影響を与えます。

小　指　知性やひらめきを表す指です。ここに指輪をつけると、相手の言いたいことを直感的に理解するパワーが強まります。

「こんなとき」は、この指にリングを!

- 恋愛や私生活で「相手を引っ張っていきたい」とき ➡ 左手人差し指
- 仕事や社会生活で「よいリーダーになりたい」とき ➡ 右手人差し指
- 恋愛や私生活で「自分の意見を貫きたい」とき ➡ 左手中指
- 仕事や社会生活で「重い責任を果たさないといけない」とき ➡ 右手中指
- 「愛の絆を深めたい」とき ➡ 左手薬指
- 仕事や社会生活で「面白いことを表現したい」と願うとき ➡ 右手薬指
- 恋愛や私生活で「相手の考えをつかみたい」とき ➡ 左手小指
- 仕事や社会生活で「頭の回転を早めたい」とき ➡ 右手小指

最近運気が落ちてきた……
開運するネイルは？

A 素の爪を磨く

B 赤色のネイルカラーで華やかに

Answer is ... **A**

爪は運気を受け取るアンテナとして、重要な役割を果たしています。指先を整えることで、よい運気が引き寄せられるんです。また、心の状態や余裕が爪にも表れるため、焦りやストレスがあると指先がカサカサに……。ネイルアートも素敵ですが、美しくキープするのが難しい場合は、まず素の爪を整えることを優先してくださいね。

ツイてない……魔除けになる アクセサリーは?

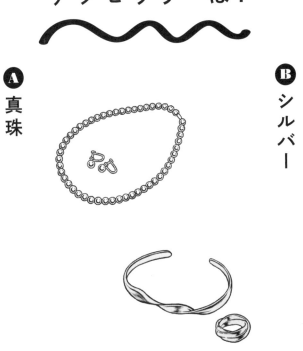

Ⓐ 真珠

Ⓑ シルバー

Answer is … Ⓑ

シルバーは古くから、魔除けとして知られています。光を反射することで邪気を跳ね返してくれるので、ツイてないときこそ積極的に身につけて。特に、仕事がつらいときに、お守りになってくれる効果があります。一方、真珠はつらい状況に耐えて生まれるもの。気持ちがしんどいときにつけると、寄り添い支えてくれる存在になります。

元カレからもらったネックレス、つけ続けていい?

B 気に入っているならOK

A 不運を引き寄せるから処分して

Answer is ... **B**

気に入っているならまったく問題ありません。むしろ、気に入っているのにそれをわざわざ捨てるという行為自体、元カレに執着していることのあらわれ。自分を否定してしまうことにもつながります。他のアクセサリーと同じように使って、「もう似合わなくなったな」「好みが変わってしまったな」と自然に感じたときに処分すれば大丈夫です。

アクセサリーのお下がりを使ってもいい?

A できればやめたほうがいい

B 気にせず使っても問題なし

Answer is ... A

血縁関係のない人からのお下がりは、できれば避けましょう。アクセサリーは、いろいろな縁や想いを吸収しやすいので、自分の運気にどんな影響を与えるかわからないのです。もしかしたら、悪い気を吸い込んでしまっているかもしれません。ただし、先祖代々受け継がれているものや親族の形見などは OK。悪い運から身を守ってくれますよ。

カバンの中身は毎日出すべき？

B 毎日必ず出す

A 新月の日だけでOK

Answer is ... **A**

大変なので、毎日は出さなくても大丈夫です。カバンの中身を全部出して整理するのは、月1回。新月の日に行うのがおすすめ。それよりももっと大切なのは、カバンを置く場所を決めること。ケースや棚の上など、カバンにとって居心地のよい場所を作ります。部屋の中央から見て西の方角に置くと金運がアップします。

ビニール傘を使うと
運気が下がるって本当？

B 大事に使うなら問題なし

A 長く使える傘しか選ばないで

Answer is ... B

ビニール傘は運気を下げるから使わないほうがいいと言われますが、それは誤解。運気を下げる理由は「使い捨て」にあります。気に入らないけどとりあえず買い、さらにそれを使い捨てるという行為がよくないんです。最近は大型で丈夫なビニール傘を「むしろ気に入っている」という人もいます。大切に使うならまったく問題ありません。

4 大切にできる分だけに減らす

　毎日やらなければいけないことをやるだけで、1日が過ぎてしまっていませんか。しかも、やり終えた達成感もなく、やり残したことを頭の片隅に置いたまま眠りにつく。そんな生活に覚えのある方は多いのではないでしょうか。

　本当にやりたいことで1日を埋め尽くし、充実感と共に眠りにつける日は年に何回ありますか。それさえ思い出せない人は、やらなければいけないことが多すぎです。

　あなたの心の中に満ち足りない何かがあるとしたら、その正体は自分の人生を大切にできていないことへの罪悪感かもしれません。自分の体や時間、人生を大切にできていると感じるとき、僕たちの心は喜びに満たされます。それは小さな光かもしれませんが、確実に心の中の闇を晴らしてくれるものです。

仕事ができる人に限って、仕事を詰め込みがちですよね。これぐらいできるはずだ、やって当たり前だと自分を追い込みながら、忙しさに流されて生活してしまっています。

　実は僕たちって、気を配れる範囲が想像以上に狭いんです。

　頭の真ん中にお皿があると想像してください。その上に、大事なことも心配ごとも全部載っています。残念なことに、このお皿、真ん中あたりはよく見えるのですが、端までは目が届きません。心配ごとが多いと大事なことが抜けてしまうのは、端に追いやられて見えなくなっているから。いっそのこと全部見えなければいいのですが、なんとなく視界に入ってくるから厄介です。

　お皿をいっぱいにせずに、ちゃんと見えるところに入るだ

けにすれば、この手の不安はなくなります。いつもすべてが見えているので「ちゃんと自分でコントロールできている」という安心感を得られるのです。

　やってもやらなくてもいいことは、お皿の外に出しましょう。見つけられないなら、それをやらないとどうなるか考えてみてください。考えてもわからなければ、１日やめてみることです。毎日やっていることが２日に１回でも大差ないことに気づくかもしれません。あなたがやらなければ他の人がやってくれるかもしれません。思い切って他の人にやってと頼んでみるのもありでしょう。

　それでも減らなかったら、「何のため」にやっているのか考えてみましょう。あなたの究極の目標は幸せに生きることですよね？　美しい家で暮らしたいがための掃除が苦痛になっているのなら、それは本当に幸せのためになっているでしょうか。

人付き合いにも同じことが言えます。心がウキウキする付き合い以外は、思い切ってやめてみませんか。ものも然り。いつか使うかもしれないものは捨ててみる。買うときにも、本当に必要かどうか考えて、むやみに増やさないようにしてみてください。

定期的に心の掃除をし、余裕を作ってあげるようにすれば、「流されている不安」はなくなり、自分でちゃんとコントロールできているという自信が戻ってくるでしょう。

　そのときに訪れる心の平安ほど幸せなものはありません。大切にできる分だけしかない生活は、自分の目で見て、自分の足で歩いている確かな感覚を取り戻してくれます。

PART

5

スマホ・
パソコン

スマホを買い替えるのは いつがいい？

A
不便だと感じるまで

B
画面にヒビが入ったら

Answer is ... **B**

スマホの画面は、よく見るもの。ひび割れたものを頻繁に見ると、確実に運気が下がります。人と人とがつながるコミュニケーションツールにヒビが入る＝人間関係にもヒビが入るということ。また、割れた画面を見続けることで、目に入ってくる情報が乱れます。気の流れを狂わせることになり、仕事運にも悪影響が出てしまいます。

スマホカバーの
選び方は?

A ラッキーカラーをチョイス

B 好きな色でよい

Answer is ... **A**

好きな色やキャラなどで選んでしまいがちですが、ラッキーカラーがおすすめ。ラッキーカラーは占いによって決まります（P.16 参照）。好きなものばかりを選んでいると、知らないうちに凝り固まった考えになってしまう恐れが。あえて自分の意思ではないラッキーカラーを取り入れることは、心の柔軟さを保ち、運を上げるのに役立つのです。

大事なメールを
送るときの時間は？

A 00分は避けて01分

B 00分ジャスト

Answer is ... A

メールを送る時間は、18時ぴったりなどではなく、少しずらすのがおすすめ。「00分」は、無に帰ってしまうことの象徴なんです。せっかく送ったのに印象に残らず、スルーされてしまうかも。メルマガやSNSなどでも同様。ジャストの時間に自動送信予約をしている人も多いので、少しずらすことで他の投稿に埋もれてしまうことを防げます。

メッセージに
絵文字は多いほうがいい？

A 少ないほうがいい

B 多いほうがいい

Answer is ... **B**

絵文字は火のエネルギーを持っており、ぬくもりの象徴。文章に織り交ぜることで、冷たい印象を避けることができます。これは人への気配りの1つ。絵文字のない文章だと、機嫌が悪そうに感じる人もいるかもしれません。とはいえ、連絡手段のトレンドは時代によって変化します。その変化を捉えて、柔軟に対応していくのが大切です。

別れた恋人との思い出の写真やメール、消すべき？

A 残しても大丈夫

B 消したほうがいい

Answer is ... **A**

思い出の写真やメールを消す必要はありません。言うまでもなく、ものと人は別です。写真やメールは相手のものでも、2人のものでもなく、あなたの思い出の品。人生の一部です。別れの痛みが癒やされれば、いつの日か懐かしく振り返る日々となるでしょう。自分の過去を否定する必要はないのです。

スマートフォンの
待受画面はどうしたらいい？

A
自分が目指したい
理想の女性の写真

B
家族や恋人、友達など
大切な人の写真

Answer is ... **B**

大切な人の写真には、ネガティブを追い払ってくれるパワーがあります。

「なんでこんなにつらい思いをして働いているんだろう？」という気持

ちになったときも、スマホ画面を見るたびにがんばる理由や幸せな気

持ちを思い出せます。理想の人物の写真にするのも悪くはないですが、

現在の自分を否定している意味になるのでおすすめできません。

家 の 中 で 、
スマホを充電する方位は？

A 南側の高い位置

B 北側の暗い場所

Answer is ... **B**

今やスマホは電話だけでなく、情報を収集したり、お財布代わりに使ったりと生活になくてはならない存在。家にいるときくらい、ゆっくりと休ませてあげて。余計な活動エネルギーを使って悪いものを引き寄せてしまわないように、静けさを表す北で充電しましょう。南で充電すると、派手なエネルギーが入りすぎて運気が乱れてしまうかも。

SNSとの付き合い方の 正解は？

A ネガティブなアカウントや番組は見ない

B 好きなものを好きなだけ楽しむ

Answer is ... B

好きなものを楽しんで。たまに、ネガティブなものは見ないほうがいいという人もいるけど、人間はきれいごとばかりじゃない。ネガティブなものを異様に見たがるのも人間らしさ。そんな自分の後ろ暗さでさえ肯定してあげましょう。それで外でちゃんとできているのなら立派です。人間は神様じゃないので、汚れてみてもいいんですよ。

ＳＮＳを見るのに
よい時間帯は？

Ⓐ お昼休み

Ⓑ 帰宅後

Answer is ... Ⓐ

外に出ているときのほうがいいので、会社の昼休みが最適。太陽が出ている陽の時間帯は、ネガティブな情報を見ても気持ちが残りにくい傾向が。もし嫉妬心が生まれても、気を逸らされやすいんです。最も避けたいのは就寝前。夜の闇の中、陰の時間帯だと、否定的な感情が増幅されやすく、睡眠にも悪い影響を及ぼす可能性があります。

フォローする
アカウントの数は？

Answer is ... A

奇数の場合、数字が2で割り切れないため、バランスが崩れやすい傾向が。どこか不釣り合いを感じてしまうため、過剰な刺激を受けやすくなってしまいます。一方、バランスが取れている偶数は、同調性や協調性を後押ししてくれます。フォローする数は自分でコントロールできるため、偶数にすることで心のバランスを保つことができます。

新しいインターネットサービスは
積極的に試す?

A 慎重になる

B 試すべき

Answer is ... **B**

中国の占いによると、2023年までは古いものを守ることが、運気アップに効果的でした。しかし、2024年からは新たな時代に突入します。柔軟性を象徴する星の影響下にあるため、新しい変化に臆することなく、果敢に挑戦することが重要。新しく登場したSNSや、さまざまな生成AIにもぜひ挑戦してみましょう。

対人運を上げる
メッセージアプリの使い方は?

B 返さない時間帯や曜日を決める

A いつでも即レス

Answer is ... B

すぐにリアクションしなければと思い込んでいると運気を落とします。それは人に運気を吸われてしまうから。たとえば夕方の5時〜8時は絶対にスマホを見ない、週末は仕事のメールは返さないなど、自分の生活スタイルに合わせたデトックスタイムを設けてみて。特に休日の自分のラッキータイム (P.158) は、自分のためだけに使うようにしましょう。

十二支でわかる、
あなたのご自愛タイム

　みなさんは「十二支」と聞くと、「生まれ年の動物」を思い浮かべるでしょう。ですが、実は生まれ年だけでなく、生まれた月や日、出生時間のすべてに十二支が当てはめられます。四柱推命という占いでは、それらすべてのバランスを見て鑑定するのですが、ここではおなじみの「生まれ年の十二支」に基づいた、あなたの幸運な時間を紹介しましょう。

　1日24時間は、右図のように十二支が司っています。そして、あなたの十二支によって幸運な時間である「ラッキー十二支」が決まっているのです。

　ラッキー十二支の時間帯には、おいしいものを食べる、マッサージする、好きな人と過ごすなどリラックスできる行動を取り入れるのがベスト。または、なるべく穏やかに過ごすのがおすすめです。逆に、この時間帯に人と争ったりするのは避けてくださいね。

〈生まれ年の十二支別、ラッキー十二支〉

生まれ年の十二支	ラッキー十二支
「子（ね）年生まれ」	辰・申
「丑（うし）年生まれ」	巳・酉
「寅（とら）年生まれ」	午・戌
「卯（う）年生まれ」	未・亥
「辰（たつ）年生まれ」	子・申
「巳（み）年生まれ」	丑・酉
「午（うま）年生まれ」	寅・戌
「未（ひつじ）年生まれ」	卯・亥
「申（さる）年生まれ」	子・辰
「酉（とり）年生まれ」	丑・巳
「戌（いぬ）年生まれ」	寅・午
「亥（い）年生まれ」	卯・未

※誕生日が1月1日〜2月4日までの人は、自分が生まれた年の1つ前の十二支を見てください。東洋の占いでは立春（だいたい2月4日）に十二支が変わると伝えられており、2月4日までに生まれた人は前の年の十二支に守られていると考えます。
例）2024年2月1日生まれ
2024年は辰年ですが、この年の立春（2月4日）の前生まれなので「卯年生まれ」と考えます。卯年生まれのラッキー十二支は、未と亥。つまり、よい時間帯は13時〜15時／21時〜23時になります。

〈あなたのラッキー十二支はどの時間？〉

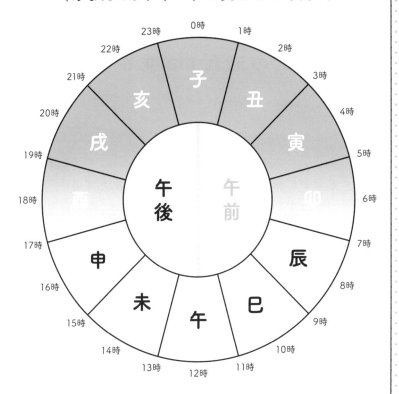

〈十二支の司る時間帯〉

子‥23時～1時

丑‥1時～3時

寅‥3時～5時

卯‥5時～7時

辰‥7時～9時

巳‥9時～11時

午‥11時～13時

未‥13時～15時

申‥15時～17時

酉‥17時～19時

戌‥19時～21時

亥‥21時～23時

変化を楽しみ
「運気の流れ」に乗る

　なるべく自分の思い通りになってほしいと願うのは人の常です。大きなトラブルもなく暮らしていれば、このまま変わらない日常がずっと続いてほしいと、知らず知らずのうちに願っているはず。いつもの人といつもの状態でいるのは、心地よいものです。

　しかし、僕たちを取り巻くすべては、今この瞬間にも変化しています。突然の変化のように見える出来事も、実は急に起こったのではなく、日々少しずつ積み重なったものが、ある地点に到達しただけに過ぎません。

　「変わらないでいる」のは無理なんです。どんなに切実に願っても、叶うことはありません。

　仲のいい友達との楽しい時間も、それぞれのライフステージが変われば変化していきます。手のかかる子どももやがて

成長し、家を出ていくでしょう。お約束の女子会も、いつも
の食卓も、いつかは変わってしまいます。

　そう考えると寂しくなりますよね。でも、この事実とどう
付き合っていくのかって、けっこう大事だと思うのです。

　変化とどう付き合うべきなのかを問うて、世界中でベスト
セラーとなった『チーズはどこへ消えた？』（扶桑社）とい
う本があります。登場するのは、昨日までそこにあったチー
ズがなくなったとき、「なくなるはずがない」と固執して、
あるはずもないチーズを探し回る小人たちと、新しいチーズ
を求めて旅に出たネズミたち。

　過去の栄光を忘れられず、新しいことに取り組むのを拒ん
だり、もうそこにはない愛情を取り戻そうと躍起になった
り。小人たちの振る舞いは、決して他人事ではありません。
現実を受け入れ、すぐに行動に出ていればと後悔するのは、

いつだって遅すぎるタイミングです。

　楽しいこともつらいことも、「いつか変わるだろう」と考えておくほうがよさそうです。「いつかなくなってしまう」という気持ちを持っていれば、「今ここにあること」が尊く、ありがたいという気持ちになります。
　なくなってしまうことを憂うのではなく、今この瞬間を思い切り楽しむことが、後悔を最小限にする唯一の方法です。

　いつも一緒にいるからといって、スマホをいじっていて、まともに話を聞いてないなんてことがよくあるなら、たまにはスマホを置いてみて。相手に集中したほうが有意義な時間を過ごせるはずです。今に注力することは、変化を受け入れるために必要な下準備なのです。

変化が怖いのは、その先に何が待ち受けているのかわからないから。変化を恐れないようにするためには「知る」ことです。まずは目を逸らさずにちゃんと見ましょう。「どうなるかわからない」といっても、うっすらと想像のつくことがほとんどです。

　ネガティブなことを一通り想像したら、今度はポジティブなことを想像してみてください。たとえ友人と離れ離れになったとしても、友情は続くかもしれないし、他にもウマが合う友達ができるかもしれません。

よいことも悪いことも、いつか終わりが来ます。変化しなければ、運気の波を逃してしまいます。今を楽しむこと、未来を信じて手放すことが、運気の流れに乗るコツなのです。

PART

6

引越し

引越しするときに
避けたいスポットは？

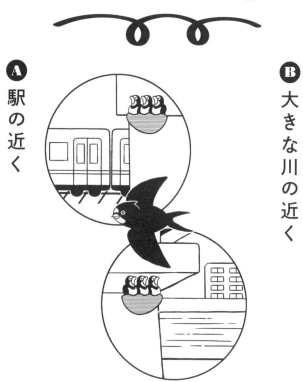

Answer is ... **B**

流れの急な川の近くは磁場が乱れているので、避けたほうがよいでしょう。常に動き続けるものの近くに住むと、お金が流れてしまいます。 同じ理由で、高速道路の近くも避けて。ただし、遊歩道が整備されている流れの緩やかな河川や信号の多い道路沿いは、財の運気をよくしてくれます。また、人が集まる駅や学校、公園の近くに住むとエネルギーが高まります。

引越しの日取りを
決めるなら？

3	4	5
10	11	12
17	18	19
24	25	26

Ⓑ 家族が一番動きやすい日に

Answer is ... Ⓑ

家族の予定優先で決まり！ 仏滅でも問題ありません。家は家族のものなので、家族が動きやすい日が一番です。仏滅は小六壬という占いに由来するものですが、占いの中でも迷信に近いものだと思います。そもそも、開運したいなら家族を大事にするのが最も大切。人間関係を重視した上で、迷信は参考にする程度でよいのです。

引越しするときは
家具を新しく買う?

B なるべく新調したい

A 古い家具で問題なし

Answer is ... A

家具は古いものでも問題ありません。むしろ、安易に捨てることはやめましょう。古い家具は自分の歴史。これまで一緒に過ごした思い出が宿っています。人間はものを所有しているのではなく、ものにお世話してもらっているのです。引越しをするときは心機一転したいという人もいますが、ものを大切にしたほうが運気は上がりますよ。

新居に入る前に
したいことは?

Ⓐ お香をたく

Ⓑ ぞうきんがけ

Answer is ... Ⓑ

まずは、床を乾拭きしましょう。床は自分を支えるものの象徴であり、磨くことは感謝の表れ。周りの人に対する感謝の気持ちが生まれ、人間関係が円滑になります。水拭きだと、濡れているもの＝結びつきの象徴に。新居に「よろしく」とご挨拶できると同時に、悪い気を浄化してくれます。もちろん、モップなどを使ってもOK！

部屋選びで
避けたいポイントは？

B
玄関と窓が向かい合う
風通しのいい部屋

A
窓からお墓が見える部屋

Answer is ... B

玄関からまっすぐ窓の外が見える間取りは、金運が逃げやすいとして風水的には大凶。風通しはよいですが、同時にお金のエネルギーも流れてしまいます。窓と玄関の間にのれんをかけたり、窓にレースのカーテンをかけて、エネルギーが抜けるのを防ぎましょう。お墓は気にせずに。人間いつかは死ぬんだから、過剰に恐れるのはやめましょう。

恋愛運を上げる 部屋は？

A 西向き玄関

B 東向き玄関

Answer is ... B

恋愛運を上げたいなら、玄関が東向きにある家に住むとよいとされています。だからといって、そう簡単に引越しなんてできないですよね。そんな場合は、西に向かって起き上がれるように、枕が東になるようにベッドを配置すればOKです。ちなみに、玄関が西向きにあると仕事運が上がるとされていますので、それも悪くないですよ。

column

column 6 人との出会いと別れについて。去る人あれば来る人あり

　新しく知り合った人が、友達の親戚だったり、同級生だったり……。「世の中狭いな」と思ったことはありませんか?

　世の中にはたくさんの人がいますが、自分を中心とした世界の登場人物は、そんなに多くないのかもしれません。「こんなに近くにいたのに、なんで今まで出会わなかったんだろう?」という人もいますよね。それは、まだ出会う準備ができていなかったからじゃないかと思うのです。

　人と人が出会うのは、お互いの関係の中で、何かを学ぶためだと思います。前世があるかどうかわかりませんが、前世の因縁を解くために出会うという考え方は、個人的にはしっくりきます。

　強い愛情で惹かれ合うことも、憎しみ合うことも、すべてが

成長するためのレッスン。徳を積むとか高潔な人物になるためとかではなく、自分がより生きやすくなるための人間的な成長です。

　僕たちの心の中には明るく楽しい感情だけでなく、寂しさや嫉妬、悪意など、ドロドロした、情けない、人には見せられないような感情もあります。誰かと関わることで、相手の中に美しいものだけではなく、醜いものも発見してしまうことってありませんか。

　それは合わせ鏡のように、自分の中にある闇をも映し出してしまいます。

　自分の汚い部分を知って、それでも自分を愛していくために、僕たちは人と関わるんじゃないでしょうか。そして、そ

のレッスンが終わったら、次のレッスンに進むために離れていく……。だから、人と関わるほど、自分を本当に愛せるようになっていくんじゃないかと思います。

　出会った人と離れてしまうのは寂しいことです。でも、誰かと心を通わせて、時間を共にすることでできた「絆」は消えません。

　出会いと別れを繰り返すたびに「絆」が増えて、人生の彩りとなっていきます。出会った誰かは自分の一部となって、その後も一緒に生きています。
　本当に寂しさを埋めてくれるのは、誰かと心を通わせてできた絆です。今、ここにいなくても、培ってきた絆たちが、寂しさを埋めてくれるはずです。

PART 7

旅行

旅行先で
するとよいことは？

A
その土地の水を飲む

B
その土地の神社で
お守りを買う

Answer is ... A

旅行に行ったら、その土地の水を飲みましょう。地元の水を飲むことで、土地のエネルギーを取り込むことができます。また、温泉に入るのも同様の効果があります。お守りも悪くはないのですが、1年で願いごとに区切りをつけて神社にお礼をするために、基本的には1年で返さなくてはなりません。遠くの神社だと返しに行くのが難しいかも。

恋愛運が
アップする旅先は？

A 家族で山の近くへ

B グループツアーで海の近くへ

Answer is ... B

海に行くのがおすすめ。特に、添乗員が同行し、バスでまとまって移動するようなグループツアー形式の旅行が理想的です。見知らぬ他人との関わりは風のエネルギーを表し、恋愛を運んでくれる力になります。また、ダイナミックな海は陽の要素を持ち、愛情エネルギーを象徴するもの。色気を引き出して、恋愛運をアップしてくれます。

金運が
アップする旅先は?

Ⓐ 湖のそば

Ⓑ テーマパーク

Answer is ... Ⓐ

きれいな湖には金運を高める効果があります。川のように流れる水は金運も流れてしまいますが、湖は止まっている水。水はお金の象徴なので、湖は金運がアップし懐がうるおうシンボルといえます。一方で、活気に満ちたテーマパークは、消費するエネルギーも大きい場所。よいアイデアは浮かびますが、金運には直結しないかもしれません。

健康運が
アップする旅先は?

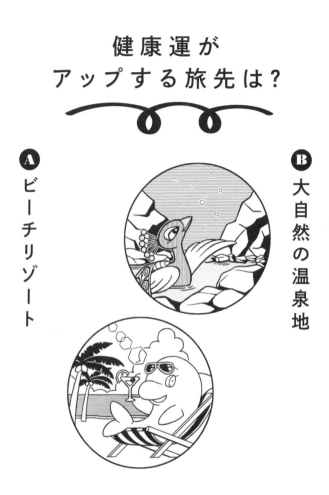

A ビーチリゾート

B 大自然の温泉地

Answer is ... **B**

大自然、特に山は生命力の象徴。体を生命エネルギーで満たすことで、健康運を高めてくれます。ただし、行くだけで運気が上がるのは、都会に住んでいる人だけ。自然が多いところに住んでいる人は、温泉に入るなどプラスのアクションが必要。つまり、大自然の温泉地に行くことは、すべての人に効果があります。ビーチは色気アップのときに。

仕事運が
アップする旅先は？

A 歴史ある古都

B テーマパーク

Answer is ... **B**

テーマパークは火のエネルギーを持ち、陽の気の象徴。火は知恵や名声のシンボルです。頭が活性化して新しいアイデアが浮かびやすくなるので、それが仕事に結びつく可能性大。出世したり、がんばったことが実を結んだりするかもしれません。一方で、古都は安定と地のエネルギーを表す場所なので、出世のひらめきは与えてくれません。

開運旅行に行くときに
意識することは？

A 時間をかけてゆっくり歩く

B 最短距離で目的地まで急ぐ

Answer is ... A

開運旅行は吉方位に向かうことで、方角の気をいただくのが目的。その際は、急いで移動するのではなく、ゆっくりと時間をかけて歩くのがポイント。自分の体を実際に動かすことで、より多くの気を取り込むことができます。歩く時間は1時間ほどで十分なので、散歩でもOK。吉方位はインターネットで気軽に調べることができますよ。

旅行先は方位がよくないと言われた。変えるべき?

A
行きたい気持ちが大事。決行して

B
運気がよい方位に変えよう

Answer is ... **A**

方位が悪くても、特に気にする必要はありません。短期間の旅行であれば、人生全体に大きく影響することはないので、好きなところに行ってOK。ちなみに凶方位に行っても、実はそこまで悪いことは起こりません。行きたいと感じるのは、その土地に呼ばれているからかも。占いよりも直感に従って、旅行先を選ぶのもよいことですよ。

宿泊先に着いたら
まずすることは？

B
「よろしくお願いします」
と挨拶する

A
絵の裏にお札がないか
チェックする

Answer is ... B

宿泊先に着いたら、まずはお部屋に「これから何日間、よろしくお願いします」とご挨拶を。部屋が自分の味方になってくれて、旅の疲れを癒す手助けをしてくれます。絵や掛け軸の裏にお札が貼られているかどうかをチェックするのは、お部屋に対して正直失礼。もし見つけてしまっても怖くなるだけなので、探さないほうがいいでしょう。

ものや場所の持つ
「お力をお借りする」

　どこからどこまでが自分なのでしょう？

　僕たちの皮膚には常在菌が棲んでいます。お腹には腸内細菌も住んでいます。僕たちの体の活動の一部を担っている彼らは「自分」の範囲でしょうか？

　お風呂で流れ落ちた昨日の肌は「自分」でしょうか？

　体だけではありません。生まれ育ってきた中で、親や周りの「考え」の影響を受けていない人はいません。自分の考えだと思っているものは、もしかしたら無意識で取り込んだ誰かの考えを組み合わせたものに過ぎないかもしれません。

　五感からインプットされるものは、想像以上に誰かの影響を受けています。また、それと同時に、自分も誰かに影響を与えながら生きています。僕たちが思っているほど、「自分」と外の世界の間には、はっきりとした境界線は存在しないのです。

僕たちは絶えず、五感を通じて、外の世界と作用し合いながら成り立っています。そして、それを意識しているのが「占い」の世界観です。

　僕たちを取り巻くすべてのものは固有のエネルギーを持っており、互いに作用し合っていると考えるのです。

　東洋の占いであれば「陰陽五行説」（P.42参照）という考え方です。

『スター・ウォーズ』という映画の中に出てくる「フォース」もそうですよね。世界中がフォースというエネルギーで満たされていて、その力をお借りすることによって、より強い力を発揮することができるというものです。

「占い」の世界観では、生きものや、ものだけではなく、場

所や色や数字なども固有のエネルギーを持っていると考えます。その力を少しお借りするのが開運法です。

　そのためにまず必要なのは、そのエネルギーとつながることです。

　外とは切り離された「自分」が、1人の力で存在しているという考えを捨てましょう。

　周りの環境や人に支えてもらっているからこそ、自分が成り立っている……そう思えば、自ずと感謝の気持ちが芽生え、謙虚になるはずです。水が低いところに流れるように、謙虚な姿勢には、支援が集まります。

　自分だけの世界に閉じこもって他者を顧みない人は、いくら開運アクションを行ったとしても、その力を得ることはできないでしょう。

そして、エネルギーはもらうだけでなく、自分からも与えることが大切です。お互いさまの精神です。僕はよく、ものには精霊が宿っていると言うのですが、ものや場所を生命がある存在として捉えれば、ぞんざいに扱うこともないでしょう。ものは丁寧に扱い、使わせてもらった場所はきれいに戻すのが基本となります。

　当たり前のことですが、ものだけでなく、人にも。できる範囲でかまいませんから、困っている人には、手を差し伸

べてください。何もできないときは、どうかご無事でありますように、どうかうまくいきますようにと、心の中で祈ってください。

そんなふうに人やものに接していけば、自分が変わっていくのを実感できるはずです。その変化こそが、開運体質をもたらすのです。

PART 8

運を鍛える ルーティン

毎日「同じ○○○で」開運！
どっち？

A 毎日、同じ食べものを食べる

B 毎日、同じ人とランチに行く

Answer is ... A

毎日同じメニューにすると、迷う時間がなくなります。おすすめは朝食か昼食。簡単なルーティンで済ませることで、本当にやりたいことへ意識を集中でき、それが開運へとつながるでしょう。同じ服を着ることも有効です。イチローやスティーブ・ジョブズはこれを実践していました。ただし、食やファッションが好きな人には不向きかも。

朝起きて最初にするといいことは？

Ⓐ コンロでお湯を沸かす

Ⓑ ニュースを見る

Answer is ... **Ⓐ**

朝、最初にしたいのはお湯を沸かすこと。火をつけることで熱のエネルギーを動かし、家の生命力を活性化させます。沸かしたお湯は白湯にして飲んでもよし、コーヒーを淹れてもよし、味噌汁を作ってもよし。朝のルーティンとして考えても最適です。電気ポットでもよいですが、ガスのほうがより強力なエネルギーになります。

朝ごはんに
食べるといいものは？

Answer is ... A

朝から元気に動くためには、「肝」のパワーを奮起させるのがポイント。そのためには、酸味のある食べものを食べるとよいでしょう。感覚を刺激し、元気を与えてくれます。一方、甘いものは土のエネルギーを持ち、安心感を増幅させる傾向があります。リラックスしたいときや気持ちを落ち着かせたいときに食べると効果的です。

金運アップする
味噌汁は？

A ほうれん草、一択

B そのとき旬の食材で

Answer is ... **B**

旬の食材を食べると気が高まり、金運がアップします。ほうれん草も
旬である秋から冬に食べると、やはり金運に効果的。また、暦占いで
は５日ごとに「月徳」と呼ばれる吉日が訪れますが、その日は特に旬
を意識して。旬の食材はリーズナブルで栄養価も高いので、その点か
ら見ても味噌汁の具に最適ですよ。

家に帰って
最初にすることは？

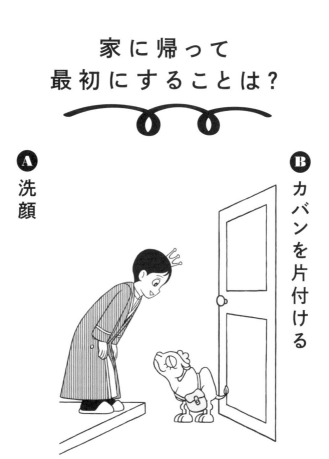

A 洗顔

B カバンを片付ける

Answer is ... B

洗顔など、自分のことを優先するのではなく、その日使った道具を片付ける習慣を身につけましょう。ものに「ありがとう」と感謝することが重要です。カバンだけでなく、時計やスマホなども同じ。常に感謝の気持ちを持ちながら、大切に使うことで運気が味方してくれます。ものには精霊が宿っていると考えて、労う気持ちを持ってください。

寝る前にベッドサイドに置くといいのは?

A コップ1杯の塩水

B アロマオイルを垂らしたお湯

Answer is ... **B**

寝る前の入眠儀式にはアロマがおすすめ。アロマオイルを選ぶ際、ミントには覚醒効果があるので、ラベンダーやゼラニウムなどがよいでしょう。また、浄化のために塩を使うこともありますが、やり方を間違えると悪いものを引き寄せてしまうことも。塩の使い方には注意が必要です。

夜寝るとき、電気はどうする?

A 真っ暗で寝る

B 薄明かりをつける

Answer is ... A

寝るときは部屋を真っ暗にすることが大切。暗い闇の中にいると、癒しの力を持つ水のエネルギーを効率的に吸収できるんです。電気は火のエネルギーを表し、浄化のパワーはありません。薄明かりがあると、水のエネルギーの吸収が弱まってしまいます。ろうそくも火のエネルギーなので、アロマキャンドルを使うのも避けたほうがよいでしょう。

季節の行事を
1つだけ祝うなら何？

A 冬至

B 元旦

Answer is ... A

夜が最も長くなる冬至。この日を過ぎると少しずつ日が長くなっていきますが、それは次第に陰から陽に転じることの象徴。非常にパワフルな日で、かつてはお正月よりも重要視されていました。かぼちゃを食べるのが伝統的ですが、お手軽にコンビニのパンプキンムースなどでもOK。格式ばらない取り入れ方が開運につながります。

最近ツイてないな～
と思ったら①

A 節約する

B 募金する

Answer is ... B

ツイてないと感じたら、募金してみるのも1つの手。与えることで誰か
がきっと救われるし、自己肯定感も高まります。また、お金を手放すこ
とは、滞ってしまったエネルギーを動かすきっかけにもなります。貯め
る方向は気が巡らないことにつながり、運気が停滞する可能性も。ツ
イていないときこそ、自ら積極的に動かしてください。

最近ツイてないな〜
と思ったら②

B 開運グッズを飾る

A 玄関のたたきを拭く

Answer is ... A

玄関は運気の入り口。汚くしておくと良い気が入ってきません。ツイていないときは、玄関を掃除しましょう。たたきを拭くだけでも効果があります。開運には身近なものを清潔に保つことが最も重要。気持ちが落ちているときはなかなか難しいかもしれませんが、枕カバーを替える、タオルを新調するなど、小さなことから始めてみて。

出先で「今日は運が悪い！」と思ったら？

A 呼吸を整えて瞑想

B ジャンプをする

Answer is ... B

今日は流れがよくないなと感じたら、ジャンプしてみましょう。ジャンプすることで身体が活性化され、イライラが抜けて気持ちもリフレッシュします。また、ジャンプは八卦で雷の気を表し、ひらめきや革新、大きな気を動かすという意味もあります。ジャンプが難しい場合は、伸びをするのでもかまいません。瞑想をするなら、そのあとで OK です。

外からもらってきた
厄を落とすには？

A 手を洗うときに9回ゴシゴシする

B 盛り塩をする

Answer is ... A

数字の9は魔除けの数。縁を切り、ワンランク上がるという意味を持ちます。また、水には清める、浄化する、知恵のエネルギーを与えるという意味が。なので、行き詰まったときは、手を洗う際に9回こすると打破できるはず。会議などでよいアイデアが出ないときにもおすすめです。盛り塩は扱い方が難しいため、安易には行わないで。

トラブルだらけでぐったり。家に帰って何をする？

A お笑い番組を観て忘れる

B 夜キャンドルに火を灯す

Answer is ... B

嫌なことがあった日は、夜にキャンドルを灯してみて。キャンドルのゆらめきには、心を癒す効果があります。火を吹き消すというアクションも重要で、心の中のネガティブなエネルギーを取り除く手助けをしてくれます。落ち込んでいるときには、無理してポジティブになる必要はありません。自然な感情の流れに身を任せることも大切です。

トラブルだらけの1日の終わり、お風呂に入れるのは?

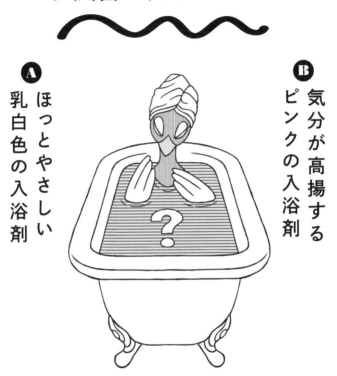

A ほっとやさしい乳白色の入浴剤

B 気分が高揚するピンクの入浴剤

Answer is ... A

嫌なことがあった日は、お風呂に入って汗と一緒に嫌な感情を外に出しましょう。シャワーで表面を洗うだけでは不十分で、内側から浄化することが大切です。入浴剤は乳白色が◎。白はリセットや切り捨てることの象徴で、リフレッシュ効果が期待できます。また、入浴剤代わりに日本酒を入れてもOK。浄化のエネルギーが高まります。

お風呂で体を洗うときは
左右どちらから洗う?

A
左から

B
右から

Answer is ... A

左側は陰のエネルギーを表し、自分の内面と関係があります。一方、右側は陽のエネルギーで、仕事などといった外向きの活動と結びつけられます。体を洗うというのはとてもプライベートな行為であるという面から見ても、左から洗って、まず内側から清めるのがよいでしょう。何ごとも内側を整えてから、外側を磨くのが鉄則です。

疲れていても毎日、がんばってやりたい家事は？

Ⓐ ベッドルームの掃除

Ⓑ 食器洗い

Answer is ... Ⓑ

掃除はできれば毎日したいところですが、疲れていると億劫になりますよね。そんなとき、最も優先すべきなのは食器洗いです。特にキッチンは邪気がたまりやすいので、汚れたものを放置するのはよくありません。また、キッチンは金運にも関連があり、きれいに保つことで金運がアップします。1人暮らしでも、1日1回は洗うようにしましょう。

ざわざわする心を
落ち着かせるには？

A
お茶を一気飲みする

B
お香をたく

Answer is ... B

お香は香りで心を落ち着かせるだけでなく、風のエネルギーが心を整えてくれます。また、お香の煙には火のエネルギーが宿っており、浄化作用もあります。僕が実践している浄化法の1つは、「塗香」という塗るお香。塗ることで心がリセットされ、清浄な気持ちになれます。また、瞑想をするのもおすすめ。2分だけでもいいのでやってみて。

モヤモヤする心を
スカッと晴らすには？

とにかく、
即ベッドに入って寝る

食器洗いで、箸から洗う

Answer is ... A

食器は洗う順番で運気が変わります。モヤモヤを晴らしたいときは、最初に箸を洗ってください。長い形状をしている箸は、始まりや成長を象徴するもの。それを水で浄化することで、心の汚れも浄化されるのです。すぐにベッドに入るのは避けましょう。モヤモヤしたまま眠ると、その気持ちをずっと引きずってしまいますよ。

気分が乗らないときに、ポイっと口に入れるのは？

A さっぱり柑橘系キャンディ

B 濃厚なキャラメル

Answer is ... A

気分が乗らないのは、気が滞っているということ。五行説では、肝のエネルギーが弱っていると考えます。肝のエネルギーを活性化させるなら、酸味のある柑橘系のキャンディが◎です。逆に、気持ちを落ち着かせたいときは、甘いキャラメルがおすすめ。高まりすぎた気持ちを抑え、リラックスさせる効果があります。

仕事や勉強が
はかどらないときは？

Ⓑ おいしいごはんを食べる

Ⓐ 動画やゲームで好きなだけ気分転換

Answer is ... **Ⓑ**

ダラダラと過ごしても脳は休まらず、逆に疲れてしまいます。体は食べものでできているので、しんどいときこそ栄養価の高い食事を。おいしいものを食べると、味覚が脳を直接刺激し、気持ちがほぐれます。食べものでスイッチを切り替えてから、再び取り組んでみましょう。特に旬の食材を食べると、その季節のパワーをいただくことができます。

試験やプレゼンの
前日にすることは？

B 念入りに保湿してすぐ寝る

A ミスがないよう最後までチェック

Answer is ... B

試験やプレゼンで勝ちたいときは、前日に顔の保湿をするのがおすすめ。特におでこは仕事に関係する部分なので、肌の状態がよいと心が落ち着き、よい結果を残すことができます。睡眠不足は肌荒れの原因になるので、チェックはほどほどにして寝てしまいましょう。さらに、プレゼンの前には耳のマッサージをプラスすると効果的です。

試験、試合、プレゼン……
勝ちたい日のお弁当は?

A 大好物こそ勝てる

B 「トンカツ」で勝つ

Answer is ... A

好きな食べものは、何よりも強力なパワーフード。なので、お弁当は一番好きな食べものを持っていくのがベストな選択です。自分の好物を食べることで脳が喜び、リラックスできます。また、お弁当を楽しみにすることで午前中を乗り切れるだけでなく、午後も元気にがんばれるはず。もちろん、トンカツが好きな人は、ぜひトンカツで勝って!

仕事や勉強で「ここぞ!」の直前にやるのは?

A 手のひらに〇を3回書く

B コンコンコンコンとかかとを4回鳴らす

Answer is ... B

4は四季や四方のように完結していて、揺るぎない安定を表す数字。また、かかとは地面と接する部分であり、安定感の象徴です。だから、仕事などで緊張や焦りを感じたときには、かかとで地面をトントン……と4回鳴らしましょう。肉体に刺激を与えることで、自分のリズムを取り戻し、散漫になった思考を引き戻して、集中力を高めることができます。

「やってみたい！」思い立ったら、どうする？

🅐 立ち止まって考える

🅑 即、行動に移す

Answer is ... 🅐

脊髄反射的な行動は避けましょう。すぐに行動するのではなく、一度立ち止まって考えることが大切です。本当に自分の本心での行動なのか、それとも無意識に刷り込まれたものなのかを見極めましょう。特に運がよくないときは、周りの環境が微妙な可能性大。そんなときに思いつきで行動すると、状況がさらに悪化することもあるので注意して。

３０歳を過ぎて、新しいことに 挑戦するときに考えるべきことは？

A 慎重にリスクを洗い出す

B 前向きにリターンを考える

Answer is ... **A**

30 歳を超えると、時を司る土星の影響で1年が短く感じるようになります。時間は限りある宝物だと認識できる年代ですから、何にどれだけ時間を使うのかを慎重に考えるのが開運の第一歩。あれもこれもと欲張って、1つひとつを味わわずに、ただこなすようになれば、幸せを実感することが難しくなってしまいますからね。

「運気の悪い年」に やってはいけないことは？

A 新しく始めること

B 何かをやめること

Answer is ... **B**

新しいことを始めるのに、ダメな時期なんてありません。運が悪くても
何かを始めましょう。やらなかった後悔のほうがより大きいからです。
仕事を辞める、恋人と別れるなど、やめるのは簡単ですが、復帰や
復縁は難しいもの。また、運気が悪いときには冷静に判断できなくな
ります。今行っていることは、ヤケを起こさず続けてください。

今の自分の運気を
チェックする方法は？

A ガラガラだった店が
混雑してきた

B 混雑してる店が空き始めた

Answer is ... A

ガラガラだった店が混雑してきたら、今の自分が福の神である証。人を引き寄せられるよい気を放っているから、人がたくさん集まってきたのだと考えられます。そんなときは、運気のコンディションが最高潮。大切な約束を取り付けてみるといいでしょう。営業の仕事なら、新たな顧客にアプローチすると、いいことがあるかもしれません。

赤信号によく引っかかる日、天からのどんなメッセージ?

B ゆっくり進みなさい

A できるだけ急ぎなさい

Answer is ... B

赤信号に引っかかるのは、ゆっくりしなさいというメッセージ。信号は節目のシンボルであり、止める役割を果たす関所のようなもの。焦らないようにと教えてくれているのです。イライラせずに、すべての出来事を天からのアドバイスだと捉えましょう。たとえばパトカーをたくさん見たときは、正しい方向に進みなさいという啓示です。

じゃんけんが弱い私、運が悪い？

A 運がよい

B 運が悪い

Answer is ... **A**

勝つことは一見ラッキーに感じますが、実はそうとも言い切れません。
相手よりも優位に立ちすぎて、何も与えていないからです。勝つとい
う行為は、相手から奪うこと。そして、いつかは必ず反動が訪れます。
逆に、負けるということは、相手に与えること。運は循環するものなの
で、重要な局面で勝ちを引き寄せられるでしょう。

218

本はすべて
紙で読むのがいい?

B 紙の本しか買わない

A ビジネス書は電子書籍

Answer is ... A

本や文字は火、紙は木のエネルギーを持ちますが、デジタルの場合は純粋な火のエネルギー。闇を払う知恵の象徴となります。ですので、ビジネス書など情報を得るタイプの本の場合は、デジタルで読むのが最適。一方、紙の本は木のエネルギーを含み、感情や情緒に訴えかけるため、小説や詩など感性を大切にする作品を読む場合にぴったり。

運動は「運を動かす」 というけど何をしたらいい？

Ⓐ 散歩

Ⓑ 筋トレ

Answer is ... **Ⓐ**

運を動かすなら、散歩が最適なアクションとなります。中国の考え方
では、筋トレは体をいじめる行為。開運の意味では、機嫌よくいられ
る緩やかな活動のほうが重視されます。散歩は目からさまざまな刺激
を受けながら、自然のエネルギーを取り込める理想の運動。散歩する
と停滞した気が循環し、運が巡ってきますよ。

ご先祖様のお墓参り。遠くて全然できてない、どうしたら?

A お墓の写真を撮り、月1リモート参り

B 3年に1回でも行けたら十分

Answer is ... B

お墓参りは3年に1回でもOK。その場所に実際に足を運ぶことに意味があります。占いでは動くことを重視し、行動することで吉凶や運命が現れます。気持ちを向けることと、実際の行動との間には大きな差があり、時間や機会を作ってわざわざ出向くことで、エネルギーが動き出すのです。遠くてもしっかり計画を立て、ご先祖様にご挨拶を。

芸能人の運勢って やっぱり「特別」なの？

　テレビ番組をきっかけに、さまざまな芸能人を鑑定させていただきました。

　芸能人は特別な運勢を持っているのか、とよく聞かれますが、そうでもありません。中には特別な人もいますが、ほとんどはどこにでもあるような運勢の人々でした。

　では、一般の人と芸能人はどう違うのでしょうか。

　大きく３つの違いがあります。

　はじめに、彼らは運気に素直に乗っています。

　チャンスは誰にでも平等に訪れますが、幸運の波が来たときに、つべこべ言わずに直感的に乗っているのです。考えても答えが出ないことを考えすぎてチャンスを逃したり、リスクばかりに注目してチャンスを見送ったりしていません。

　おいしい話ほど怪しくて信じられませんよね。だけど彼ら

は他者ではなく、自分を信じて前に進んでいます。

　２つ目は、悪い運気のときも、どうにかしようともがいています。

　悪い運気も、みなに平等に訪れます。でも、たとえ日の目を見なくても、進むべき方向に向かって努力し続けています。運を呪ったり、周りに嫉妬したり、不貞腐れたり、他人のせいにしたりしません。どんなときもあきらめずに、そのときできることをやっています。

　３つ目は、自分の得意なことに全精力を傾けています。

　自分の足りないところ、ライバルに比べて劣っているところもすべてわかった上で、自分の強みを理解して、そこに力を注ぎ込みます。

　他の誰かになろうとはせず、誰よりも自分を信じて、自分

の魅力を最大限に活かそうとしています。占いの使い方も上手で、僕が運気の波をお伝えすると、それがよくても悪くても、運気に合わせた努力を惜しみません。

　シンデレラもシンデレラボーイも、実はいません。
　自分を信じて、得意なことに全力を尽くすこと。
　占いでお手伝いできるのは、何が向いているか、運気の波がいつ来るのかをお伝えすることだけ。芸能人の命式※を拝見するたびに、誰にでもチャンスは眠っているのだと、ワクワクします。

※四柱推命で、その人の生年月日と時刻から作る表のこと

PART

9

縁起の担ぎ方

座席を予約するときに選ぶといい数字は？

A 「ラッキー7」一択

B 自分の誕生日

Answer is ... B

最もラッキーなのは、自分の誕生日に関連した数字です。たとえば9月6日生まれの人は、9か6がつく数字がラッキーナンバー。座席はもちろん、ロッカーの番号や車のナンバーなども誕生日で選ぶと、自分を守ってくれる効果が。全部は揃えられなくても、誕生日の下一桁の数字と合わせられれば、運はしっかり応援してくれます。

ゾロ目の番号を見たら、ツイてる証拠?

Ⓐ 運気上昇のしるし

Ⓑ 運気には関係ない

Answer is ... Ⓐ

数字は占いにおいて非常に重要で、特にゾロ目の番号は、見た人に特別な印象を与えますよね。その瞬間を捉えられたということは、直感が冴えている証拠。たとえば、時刻や車のナンバー、コンビニの合計金額などで偶然ゾロ目を見つけたら、ツキが巡ってくるかも。狙って見つけるのではなく、たまたま目にすることがポイントです。

月食・日食の日は
どうするのが正解？

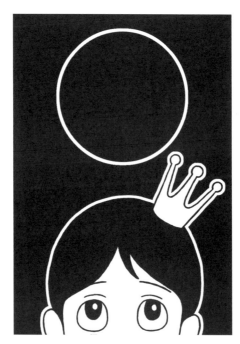

Ⓐ 観ないように気をつける

Ⓑ 天体ショーを満喫！

Answer is ... Ⓐ

月食や日食は数年に一度の天体ショーとして人気がありますが、これらはもともと縁起が悪いものです。丸いものは生命や円満の象徴であり、太陽や月は私たちにとって欠かせない存在。そんな太陽や月が蝕まれていく様子は、不吉そのもの。外出を避け、家の中で過ごしましょう。興味がある場合は、カーテンの隙間からそっと観察を。

神社にお参りするなら どっちが運を開く?

A 月1回、近所の氏神様へ

B 年1回、有名なパワースポットへ

Answer is ... A

お参りは有名な場所よりも近所の氏神様へ。月に一度、旧暦もしくは新暦の1日に訪れるとよいでしょう。神社へのお参りは、最も身近な非日常体験。自分の力ではどうしようもなくなったときに、歴史ある場所でいにしえに思いを馳せ、気持ちをリセットする大切な時間です。手を合わせる気持ちがあれば十分です。

初めての神社に
お参りするなら？

B 挨拶とお礼だけ

A 遠慮しては損。しっかり願いごとを言う

Answer is ... **B**

はじめましてのご挨拶のあと、すぐにお願いごとをするのは控えましょう。お願いごとは2回目の訪問で。また、神様に対してあれこれお願いをするのではなく、むしろお任せする姿勢が大切です。神様に運命を委ねて、巡り合わせを信じましょう。願いごとは叶っても叶わなくても3回目の訪問でお礼を述べ、自分の近況を報告しましょう。

1年に何度も
おみくじを引いてもいいの？

Answer is ... B

おみくじは神様や仏様からのメッセージを受け取り、生活を豊かにするための手段。年に何度引いてもかまいません。節目を感じる出来事が起これば、その意味を尋ねるために引くのはとてもよいと思います。確かな答えを得るコツは、引く前にまずお参りを済ませ、尋ねたいことをしっかり神仏にお伝えすること。おみくじだけ引くのはNGです。

正解のないものは 「天にお任せ」

　たまに「占いには興味あるけど、ハマると怖い」と話す方がいらっしゃいます。確かに占いに依存するのは、よくありませんね。しかし、占いは1回行ったからといって依存症になるような類いのものではありません。占い依存症というのは、何でもかんでも占いでしか決められなくなることです。

　以前、世界で活躍する物理学者の方に伺ったのですが、私たちが生きるこの世界の理のうち、科学で解明できていることは、ほんの数パーセントに過ぎないとのこと。言い換えれば、この世界の仕組みはほとんどわかりません。それなのに、占いがすべてを解き明かす、なんてことがあるわけないのです。

　占いが常に正しい答えを出すわけではありません。
　占い通りにやって、うまくいくときもいかないときもあり

ます。何でも占いで決めるのはダメです。

　では占いは、どんなときに使うのでしょうか。

　人生というのは選択の積み重ねです。考えても答えが出な
いことってありますよね。今日のお昼に食べるものや着てい
く服のように、どちらを選んでも悪くはならない選択です。
　雨の降る日なら、濡れてもシミにならないとか、足元が汚
れても平気な服のほうがいいでしょうし、プレゼンがある日
はシャキッとしたスーツがいいかもしれません。でも、そう
した事情が何もなければ、ベージュのニットでも、ブルーの
カーディガンでもどちらでもいいはず。そういうものは占い
で決めて、考える手間を省けばいいんです。選ぶ時間やエネ
ルギー、これでよかったのかと悩むモヤモヤを削減するため
に占いを使って、考えるべきところに頭と時間を使ったほう

がいいのだと僕は思います。

　逆に言うと、考えて答えを出すべきものは、占いで決めてはいけません。

　たとえば転職。Ａ社はやりたいことができるが給料は安い。Ｂ社はやりたいことではないが給料が高い。どちらを選ぶべきか？

　それは、家族を支えるためにお金が必要なのか、それとも夢を叶えるための一歩なのか。今必要としていることを考えて、答えを決めるべきです。

「どちらの会社を選べばいいですか？」と占いに来られる方は多いです。まともな占い師なら「Ａ社にしなさい！」なんて助言をすることはありません。Ａ社との相性や、Ａ社を選んだときに起こりそうなことはお伝えできますが、選択をす

るのは、本人であるべきだか
らです。

　僕たち占い師は占術に責任
を持ちますが、お客様の人生に責任を持つことはできませ
ん。選択と責任はセットであるべきです。

　占いはあくまでサポートツールです。占星術研究家の鏡
リュウジ先生は、お祖母様から「神社にお参りするときには
"こうしてください"とお願いするのではなく、"私にとって
いいようにしてください"と天に委ねなさい」と教わったそ
うです。

　これは、天には人智を超えた叡智があるとの教えです。そ
こにあるのは無責任や他人任せではなく、謙虚な姿勢です。

　自分の人生に責任を持つという決意と、謙虚に天命を受け

入れるという姿勢。

　それらは矛盾するものではなく、むしろ補い合いながら、誇れる人生へと導いてくれる存在なのではないでしょうか。

PART

10

占いで
開運

12星座で知る本当のあなた

あなたは何座生まれですか?

SNSでも雑誌でも、星座占いは人気のコンテンツ。占いにそこまで興味がなくても、一度くらいは見たり聞いたりしたことがあるでしょう。でも、たった12の星座で運勢が決まるなんて信じられない、という考えも頭をよぎりますよね。もしそう考えたことがあるとしたら、あなたには運命の神秘をのぞく才能がありそうです。

本格的な星占いを占星術と言いますが、占星術では、単に12の星座だけで読み取ることはしません。占星術は本格的にやろうと思うと、太陽系の星たちの位置を細かく計算した「ホロスコープ」という図を読み解きます。その際には生年月日だけでなく、生まれた時間も重要です。

星座占いで「私は蟹座だ」とか「僕は射手座だ」というのは、ホロスコープの中の太陽の星座を指すもの。でも太陽系の星は太陽以外にもたくさんあり、たとえば火星や月にも星座があります。

月の星座は、夜生まれの人にとっては、ものすごく重要な意味があります。今までの星座占いの結果で、どうもピンとこないという人がいたとしたら、それは生まれた時間の都合で、月の星座のほうがパワーを持っているからかもしれません。

牡羊座
3/21〜4/19生まれ

直感に従って動く
素直で情熱的な人

損得より、ワクワクするかどうかでものごとを決めがち。感情が顔に出やすく、勝ち負けにはこだわります。やると決めたことは突っ走りますが、冷めるのも早く飽きっぽい一面も。

牡牛座
4/20〜5/20生まれ

堅実にコツコツと
生きる慎重派

情に厚く、古いものを大切にできるタイプ。ただし、一度嫌うとなかなか気持ちを切り替えられません。安定を好むため、よくわからないものにはなかなか手を出さない人です。

双子座
5/21〜6/21生まれ

フットワーク軽く
何にでも興味津々

知的好奇心に従って生きる人。興味の湧いたことにはすぐに手を出し、自分と違う考えの人でも、柔軟に合わせられるタイプ。いろいろなところへ旅するのが性に合います。

蟹座
6/22〜7/22生まれ

そっけなく見えるけど
親しい人には親切

人に共感できるタイプ。一度仲間だと認めた相手には心を許し、特に自分と似た苦しみを抱えている相手には優しく尽くします。内と外では態度がまるで違ってびっくりするかも。

獅子座

7/23〜8/22生まれ

正義感が強く
姑息な真似は大嫌い

自分の意見を通すタイプ。
誰かに命令されるのではな
く、自分で行動したい人。
表面的には合わせても、
自我をしっかり保っていま
す。プライドが高く、かっ
こ悪いことには超敏感。

乙女座

8/23〜9/22生まれ

現実を大切にし
考えてから動く人

細やかな観察力を備える
タイプ。衝動的な態度や
直感的な動き方は苦手で、
常に立ち止まって冷静に考
えています。根拠をちゃん
と調べ、情報を比較して
答えを出す人です。

天秤座

9/23〜10/23生まれ

みんな違っていいと
心から思う理解者

争いは好まず、話し合いで
解決できると信じています。
空気の変化に敏感で、人
の意見を聞いて合わせるこ
とが得意なために、自分の
軸がないと思われてしまう
こともありそう。

蠍座

10/24〜11/21生まれ

誠実でまっすぐな
深い情の持ち主

本心をあまり大っぴらにし
ないタイプ。動き出すまで
慎重で、そう簡単に相手を
信じない傾向があります。
一度決めたなら忍耐強く取
り組み、コロコロ態度を変
えるのは苦手です。

射手座
11/22〜12/21生まれ

楽天的でハッピーな
大器晩成型の冒険家

「なぜ?」という疑問を持
ち、答えのない探求を楽し
む人。じっとしているのは
苦手で、いつも未知のもの
に触れてワクワクしていま
す。長期的なプランを立て
て動きたいタイプ。

山羊座
12/22〜1/19生まれ

冒険を好まない
現実的なタイプ

責任感が強く、地に足のつ
いた生き方をします。社会
との関わりを大切にし、目
上を立てたり、後輩を面倒
見たりなどの行動がきちん
と取れる人。信頼感は抜
群です。

水瓶座
1/20〜2/18生まれ

マイペースに
好きを極める

人は人、自分は自分と考え
る人。他者を当てにせず、
独立独歩。多くの人が「い
い」というものに流されま
せん。流行などどこ吹く風
で、自分の考えで生きる専
門家タイプです。

魚座
2/19〜3/20生まれ

想像力豊かな
ロマンチスト

ファンタジーっぽいものに
夢を抱いたりしがち。現実
逃避のクセがあり、嫌なこ
とからは目を背けることも。
素直で共感力が高く、悲し
い、うれしいという感情に
敏感に反応します。

開運のカギを握る
キーパーソンは誰？

　恋愛や仕事、友人関係など、あらゆるテーマにおいて運が向くきっかけをくれる「キーパーソン」っていますよね。そうした相手は誰なのか？　12星座を用いた見つけ方を紹介しましょう。

　まず、下図の12分割の円からあなたの星座を探してください。例えば、あなたが「牡羊座」なら、牡羊座を1番目として反時計回りで、次に来る2番目は牡牛座。3番目は双子座。同様に、4、5、6、7、9、11番目の星座をチェックしてください。それぞれに、ある特定のテーマの開運をもたらすキーパーソンを示しているのです。

　ちなみに、これは西洋占星術の「ハウス」という概念をもとにしています。あなたの星座を「1ハウス」としたとき、反時計回りで数えると相手の星座は「何ハウス」にあたるか？　それを明らかにして結果を導き出します。ハウスの詳細はちょっと難しいのでここでは割愛しますが、1〜12ハウス、それぞれの持つ意味は相性の結果でお伝えしているので参考にしてくださいね。

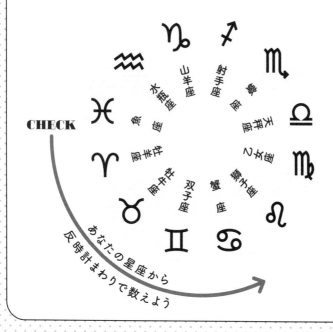

CHECK

あなたの星座から反時計まわりで数えよう

〈調べ方の例〉

あなたが牡羊座なら……

次に来る 2番目 ➡ 牡牛座（2ハウス）
3番目 ➡ 双子座（3ハウス）
4番目 ➡ 蟹座（4ハウス）
5番目 ➡ 獅子座（5ハウス）
6番目 ➡ 乙女座（6ハウス）
7番目 ➡ 天秤座（7ハウス）
9番目 ➡ 射手座（9ハウス）
11番目 ➡ 水瓶座（11ハウス）

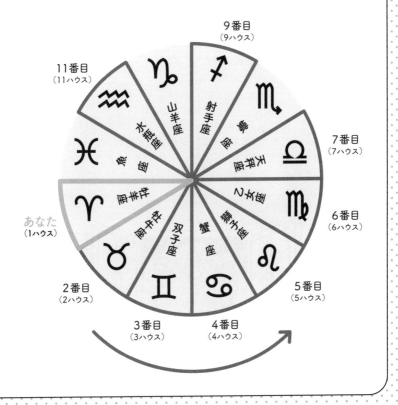

2番目の星座（2ハウス）

金運を上げたいときによい情報をくれる人

「所有」を表すハウス。金運を上げるためには、情報を提供してくれる人の存在が欠かせません。その人がキャッチした情報を真似すると、臨時収入が入ってくる可能性大。彼らとのつながりを通して、新しいビジネスチャンスや投資の知識などを得られるかも。

3番目の星座（3ハウス）

一緒に勉強をすると成績が爆伸び！

「知識」や「コミュニケーション」を表すハウス。一緒に勉強をすると、お互いに刺激し合って成績が伸び、資格試験に合格しやすくなるといったよい効果が期待できます。その際は、SNSを活用してコミュニケーションを取りながら行うのがおすすめです。

4番目の星座（4ハウス）

一緒にいるだけで安心できる相手

「家庭」や「居場所」を表すハウス。家族がこの位置なら、お互い
を思いやりながら心安らかに過ごせそう。友達関係では、まるで実家
のような安心感を提供してくれます。恋人との関係も燃え上がるような
情熱ではなくても、ずっと居心地のよい関係が続くでしょう。

5番目の星座（5ハウス）

ドキドキする発見で冒険心を満たしてくれる人

「恋愛」と「創造性」を表すハウス。もしも若い頃に出会ったら、感
覚がぴったり合う楽しい恋の相手になりそう。音楽やゲームなど、共通
の趣味を通して知り合う可能性が高いでしょう。2人で何かを作り上げ
るようなことから、仲が深まっていきます。

6番目の星座（6ハウス）

ダイエットや健康法を教えてくれる友達

「健康」や「奉仕」を表すハウス。ダイエットに行き詰まったときに、
食事や運動のアドバイスをくれる人です。その人が試している健康法を
取り入れると、すんなりハマりそう。目標に向かって励まし合うことで、
健康的な生活習慣を身につけることができます。

7番目の星座（7ハウス）

思わず心を奪われ夢中になりそう！

「結婚」や「人間関係」を表すハウス。出会った瞬間、直感的に好意を抱いてしまう相手。忘れようと思っても、惹かれ合って離れられません。もしも恋人同士になったら、心も体も相性抜群。友達としても、新しい刺激をもたらしてくれる貴重な存在になります。

9番目の星座（9ハウス）

一緒に海外旅行すると相性ばっちり！

「研究」や「旅」を表すハウス。一緒に海外旅行などをすると、自分の知識や体験の幅を広げるきっかけに。異なる文化や習慣に触れることで、人間関係や社会に対する理解も深まります。柔軟性を養い、さまざまな視点から物事を考える力が身につくでしょう。

11番目の星座（11ハウス）

これまでになかった楽しみ方に導いてくれる

「友人」や「未来」を表すハウス。何か新しいことをやりたいなと考えたときに、予想外の方向からアイデアを提供してくれます。その結果、新たな人々との交流が生まれ、人間関係がさらに広がります。共通の目標に向かって励み合い、前進できそう。

生命線が
二重になっているのは

Ⓐ 健康に注意

Ⓑ 人並み以上にパワフル

Answer is ... Ⓑ

生命線が二重になっている人は、とってもパワフル。仕事や副業、趣味など多方面で活躍できる可能性があります。ちなみに、生命線が二股に分かれている場合は、人生のある時期に大きな変化が起こることを示します。引っ越しや異業種への転職などの変化が起こるかも。短い人は、寿命が短いというわけではないので、ご安心を。

手相を書いても
開運する？

Ⓐ
ノー

Ⓑ
イエス

Answer is ... Ⓑ

欲しい線がないときは、手に線を書き入れることで運気を引き寄せられます。その強い気持ちが、運命を動かすのです。でも、手相よりももっと大事なのは、手の色つや。肌の血色がよければ、手相の線が薄くても運気は良好です。ハンドマッサージやハンドクリームなどで手のケアをすることで、運気を高められますよ。

オタク気質な人の手はどっち？

CHECK

B
小指が薬指の第一関節より短い

A
小指が薬指の第一関節より長い

Answer is ... **A**

手相を見る際は手のひらの線だけでなく、指の長さにも注目することが重要です。小指が薬指の第一関節よりも長い人は、何かを極めていく力がある人。オタク気質で、情熱的に何かに取り組むことで成功するタイプです。一方、小指が薬指の第一関節よりも短い人は、直感的なタイプ。

直感で動くタイプの
手はどっち?

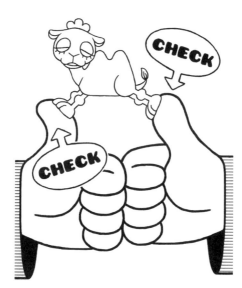

A 親指が柔らかく反る

B 親指が硬くて反りづらい

CHECK

CHECK

Answer is ... A

親指が反っている人は、創造性や柔軟性に富んでいる直感的な人。場の空気を読めるムードメーカー。新しいアイデアや方法を生み出す能力に優れており、柔軟な思考でさまざまな状況に対応します。親指が硬い人は、コツコツと励む努力家。リスクを冒すよりも、安定した状況を好む傾向があります。堅実にものごとを進めるタイプの人です。

結婚相手の
理想が高いのはどっち？

A 結婚線が上向き

B 結婚線の数が多い

Answer is ... **A**

結婚線が上を向いている人は、理想が高いタイプ。尊敬できる相手を求める傾向があるため、なかなか結婚できない可能性も。結婚線の数は結婚の回数とは関係なく、多い人は異性とのコミュニケーション能力が高めです。ちなみに、結婚線が短い人はベタベタしたくないタイプ。薬指を超える長さがある人は、濃密に過ごしたいタイプです。

ギャンブルや投資に強いのはどっち？

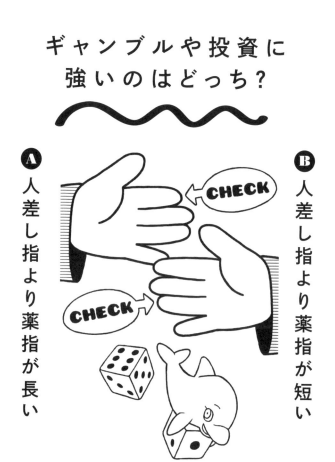

A 人差し指より薬指が長い

B 人差し指より薬指が短い

Answer is ... A

人差し指より薬指が長い人は、ギャンブル運が強く、投資に向いています。冒険心があり、大きなリスクを取ることにも抵抗が少ないでしょう。 逆に、人差し指より薬指が短い人は、ハイリスクを避け、手堅い投資や堅実な積み立て型で。また、手のひらに太陽線※がある人は、一攫千金を狙ったハイリスクな投資も成功させる強運の持ち主です。

※薬指の付け根から下のあたりに、縦に走る線

占い師との
付き合い方は？

A 本当に悩んだときだけ行く

B 定期的に通う

Answer is ... B

人間は人間によってしか癒せません。だから、利害関係のない他人と話す時間はとても重要。占いの他にも、カウンセリングや美容院、バーなど、誰かと話せる行きつけの場所を作っておくと、いざというときの心の支えになります。運が悪いときは、正しい選択ができないもの。いいときも悪いときも、占い師に限らず誰かに相談するといいですよ。

おわりに

　僕の話を少しさせてください。

　高校を卒業してすぐに占い師としてデビューし、かれこれ20年ほど占い一筋でやってきました。占わせていただいたお客様は8万人以上。いろんな悩みを聞いて、今にいたります。

　趣味も仕事も占いという、占いオタクの僕には、たいした人生経験などありません。

　そんな僕が偉そうに、人生訓のようなものを語るのは、おこがましいと思っています。

　ここに書いたことで、僕がゼロから考え出したことは1つもありません。

　古くから伝わる占いの教えや、ほんの短い時間ですが、お客様の人生に寄り添い、悩みを共有しながら、考えていく中で、学んだことです。悩み苦しみながらも、前に進む姿を見せてくださったお客様の背中に教えてもらったことは、たくさんあります。

　だから、僕もすべて実践できているわけではありません。

　こんなふうに考えたら、こんなふうに行動したら、幸せに近

づくんじゃないかと思っていることなので、この本を手に取ってくださったみなさんにおすそ分けのつもりで書きました。

　占い師人生を通じて、「考えてもどうしようもないこと」で頭を悩ませている多くの方を見てきました。そんな人に「考えても意味ないよ」と理で諭すのは難しいです。だって、頭ではわかってるんですもの、みなさん。
　そんなときこそ占いの出番です。考えても答えが出ないことに、かりそめの答えを与えるのが占いだと、僕は考えています。

　考えても正解がわからないことは、考えない。
　人生の幸福度に大きく影響を与える習慣です。
　この習慣を身につけるための第一歩として、この本を活用していただけるとうれしいです。

　みなさまの開運を願って

　　　　　　2024年4月　開運王子こと占い師・暮れの酉

STAFF

装丁・本文デザイン	相原真理子
構　成	上村絵美
イラスト	津和野諒
校　正	深澤晴彦
企画協力	玉置真理
マネジメント	長谷川晃一（Luck Out）
編　集	高木さおり（sand）
編集統括	吉本光里（ワニブックス）

選ぶたびに運が良くなる！

二択開運

暮れの酉　著

2024 年 6 月 10 日　初版発行

発行者　　横内正昭
編集人　　青柳有紀

発行所　　株式会社ワニブックス
　　　　　〒 150-8482
　　　　　東京都渋谷区恵比寿 4-4-9　えびす大黒ビル
　　　　　ワニブックス HP　http://www.wani.co.jp/

お問い合わせはメールで受け付けております。
HP より「お問い合わせ」へお進みください。
※内容によりましてはお答えできない場合がございます。

印刷所　　株式会社美松堂
製本所　　ナショナル製本